ENTRETIENS AVEC
Augustin Landier
Agnès Bénassy-Quéré
Philippe Askenazy
Philippe Frémeaux
Jean-Marc Daniel
Pierre-Cyrille Hautcœur

PRÉFACES DE
Claudie Haigneré
ET Christian Noyer

B.A.BA d'économie

ENTRETIENS MENÉS PAR
Igor Martinache
Isabelle Delzant
Bertrand Roudaut
Pascal Ferry
Pierre-Pascal Boulanger
Zoubida Deraghla

RÉDACTION
Marianne Joly

Éditions Le Pommier
cité des sciences & de l'industrie

Ouvrage publié à l'occasion de l'exposition « L'économie : krach, boom, mue ? » présentée à la Cité des sciences et de l'industrie de mars 2013 à janvier 2014.

Sophie Bougé, commissaire d'exposition.

Commissariat scientifique
Augustin Landier, enseignant-chercheur à l'École d'économie de Toulouse.
Romain Rancière, enseignant-chercheur à l'École d'Économie de Paris.

Comité scientifique de l'exposition
Philippe Askenazy, directeur de recherche au CNRS, professeur à l'École d'économie de Paris et directeur adjoint du Centre pour la recherche économique et ses applications (Cepremap).
Agnès Bénassy-Quéré, professeure à l'École d'économie de Paris, université Paris-1 et présidente-déléguée du Conseil d'analyse économique (CAE).
Philippe Chalmin, professeur à l'université Paris-Dauphine, membre du Conseil d'analyse économique.
Laurent Clerc, directeur de la stabilité financière à la Banque de France.
Jean-Marc Daniel, professeur d'économie à ESCP Europe, chargé de cours à l'École des mines et à l'Ensae et membre du conseil d'administration de la Société d'Économie Politique.
Philippe Frémeaux, éditorialiste à *Alternatives Économiques* et délégué général de l'Institut pour le développement de l'information économique et sociale (Idies).
Olivier Garnier, chef économiste du groupe Société générale, membre du Conseil d'analyse économique.
Olivier Godard, directeur de recherche au CNRS.
Pierre-Cyrille Hautcœur, directeur d'études à l'EHESS, professeur à l'École d'économie de Paris.
Pierre Jaillet, directeur général à la Banque de France, Conseiller spécial du Gouverneur.
Paul Jorion, anthropologue et sociologue spécialisé dans les sciences cognitives et l'économie.
Mathilde Lemoine, directrice des études économiques et de la stratégie marché à HSBC France, membre du Conseil d'analyse économique.
Pascal Riche, journaliste, rédacteur en chef d'Eco89.com.
Jean-Pierre Robin, journaliste au *Figaro*.
Marc-Olivier Strauss-Kahn, directeur général à la Banque de France, président du comité de pilotage et du conseil scientifique de la Cité de l'économie et de la monnaie.
David Thesmar, professeur de finance à HEC, membre du Conseil d'analyse économique.
François Vatin, professeur de sociologie à l'université de Paris-X, membre du laboratoire Institutions et dynamique historique de l'économie (UMR/CNRS).
Jean-Marc Vittori, éditorialiste aux *Échos*.

Équipe projet Banque de France, Cité de l'Économie et la Monnaie
Gérard Kremer, directeur.
Jean-Yves Greuet, adjoint au directeur.
Emmanuelle Politronacci, chef du service contenu.

La Cité des sciences et de l'industrie et les Éditions Le Pommier tiennent à remercier tout particulièrement et très chaleureusement les personnes suivantes :
Rémi Jeannin, Banque de France
Sophie Bougé, Cité des sciences et de l'industrie
Géraldine Attié, Cité des sciences et de l'industrie
Georgia Leguem, Cité des sciences et de l'industrie
Guillaume Sebert, Cité des sciences et de l'industrie
Odile Coulon, Universcience partenaires

Nous tenons également à remercier les organismes suivants pour leur précieuse collaboration :
L'Association des professeurs d'économie et de gestion, APEG, http://www.apeg.info/
L'Association des professeurs de sciences économiques et sociales, APSES, http://www.apses.org/

Édition : Marianne Joly // Point à la ligne

Conception graphique et réalisation des dépliants : Sterenn Bourgeois
Mise en page : Marina Smid
Inspiration graphique des dépliants : Fabien Hahusseau
Recherche iconographique : Denis Pasquier
Préparation de copie : Valérie Poge
Relecture : Jean-Baptiste Luciani

Les contenus des dépliants et de leurs ouvertures sont adaptés des textes et graphismes de l'exposition « L'économie : krack, boom, mue ? ».

ISBN : 978-2-7465-0664-0
Éditions Le Pommier, 8, rue Férou, 75006 Paris
www.editions-lepommier.fr
www.cite-sciences.fr

Nota bene
Un terme souligné signifie qu'il est défini en marge ? ou renvoie à une référence bibliographique, en marge également. Un terme en surbrillance jaune signifie qu'il est défini dans le glossaire.

Préface

À moins de vivre sur une île loin de tout, il devient difficile de passer une journée sans être assailli par des chiffres et des mots relevant du langage économique ! On parle « inflation » à la machine à café, « crise économique » à table, « récession » dans les dîners en ville... On pense pouvoir en discuter en connaissance de cause parce qu'on a vu une émission à la télévision, lu un article dans le journal, parcouru une page d'un blog. Parfois même, tel Monsieur Jourdain, on tient sans s'en rendre compte des raisonnements micro, méso voire macroéconomiques !

Combien d'entre nous ont cependant pris conscience, au fil d'une discussion, de leurs propres lacunes ? L'économie, si omniprésente mais si opaque... Pourquoi la banque centrale est-elle aussi attentive au taux d'inflation ? Pourquoi les crises se suivent-elles sans que l'on parvienne à les anticiper ? Pourquoi faut-il craindre un trop grand déséquilibre de notre balance commerciale ?

C'est que l'économie apparaît aux yeux des profanes comme la plus « dure » des sciences humaines, avec ses modélisations mathématiques et ses algorithmes... et la moins certaine des sciences « exactes », différentes écoles de pensées s'affrontant pour expliquer un même phénomène. Un point parvient à mettre à l'unisson les experts : un constat partagé d'un état général de connaissance bien faible en la matière.

L'économie est pourtant chose trop sérieuse pour être laissée aux seuls économistes. C'est pourquoi ces derniers doivent rendre accessibles avec des mots clairs et simples les fondamentaux de leur science. Traduire dans un langage compréhensible des théories et des mécanismes, afin de donner à chacun des outils pour décrypter les grands enjeux d'actualité.

Voilà donc l'ambition du présent ouvrage. Ni manuel ni essai, encore moins manifeste, ce livre est organisé comme un « parcours d'introduction » sur les sentiers de la science économique. Le lecteur est invité à suivre, au gré de ses envies ou de ses besoins, différents dialogues entre un professeur en sciences économiques et sociales ou économie-gestion du secondaire et un éminent expert en économie. Des tandems qui se sont passionnés pour cette aventure, les uns faisant ainsi part des questions que se posent leurs élèves, les autres jouant le jeu et acceptant de partager un peu leur savoir. Les dépliants apportent aussi un nouvel éclairage aux mécanismes économiques en les mettant en scène.

À l'initiative des Éditions Le Pommier, cet ensemble unique prolonge l'exposition « L'économie : krack, boom, mue ? » élaborée par Universcience en partenariat avec la Banque de France, présentée à la Cité des sciences et de l'industrie en mars 2013.

Au-delà de l'exposition, ce livre est utile à toute personne qui s'interroge sur l'économie mais qui peut être intimidée par la littérature spécialisée ; il est utile à ma fille de quinze ans qui se demande si les crises économiques sont une fatalité ; il est utile à ceux de mes amis qui pensent que capitalisme et libéralisme sont synonymes ; il est encore utile à tous ceux qui, aux réponses toutes faites, préfèrent comprendre les sens des questions que l'actualité soulève avec plus ou moins de gravité ou d'urgence.

Parce qu'il offre une lecture simple mais non simplifiée des connaissances, parce qu'il pose le cadre des grands problèmes liés au travail, au revenu ou à la croissance, ce livre est à mettre entre toutes les mains, en priorité celles des plus jeunes.

Claudie Haigneré
Présidente d'Universcience,
Établissement public national, unissant
le Palais de la découverte et la Cité des sciences et de l'industrie

Préface

De manière assez paradoxale, l'économie, la monnaie et la finance sont très familières aux Français – les pièces et les billets dans leurs poches, les crédits auprès de leurs banques, la vie au travail et l'emploi... –, tout en leur restant pourtant très étrangères. Toutes les enquêtes d'opinion le confirment : les Français se jugent insuffisamment formés dans ce domaine, voire démunis face à une matière omniprésente, indispensable mais souvent hermétique, faite de chiffres, de mots et de théories, qui paraissent réservés aux « initiés » ; ils sont notamment perplexes devant les explications fournies sur la crise, ses causes et ses conséquences.

De ce constat est née une ambition partagée par la Banque de France et Universcience : celle de briser la glace entre les Français et l'économie. Faire en sorte que l'économie soit de mieux en mieux « apprivoisée » par le grand public et, en particulier, par les jeunes générations, qui sont au cœur de toutes les thématiques économiques. Contribuer à démythifier les notions et les mécanismes financiers, monétaires ou économiques, et, *in fine*, attiser la curiosité et le goût des Français pour ces matières. Je pense que c'est une condition nécessaire pour une société qui veut résolument s'inscrire et progresser dans un environnement mondialisé, pour des citoyens qui doivent comprendre les grands choix à faire entre différentes politiques économiques.

L'exposition à la Cité des sciences et de l'industrie, « L'économie : krach, boom, mue ? », dont la Banque de France est le partenaire, ainsi que ce livre qui l'accompagne, s'inscrivent pleinement dans cette perspective. Afin de présenter différents thèmes économiques de manière pédagogique, interactive et ludique, la Cité des sciences et de l'industrie a fait ses propres choix, tant en termes de contenus que de scénographie. Ce livre, qui remet en perspective et réinterprète – sous forme de dépliants – les fresques majeures du parcours de l'exposition, a lui aussi sa propre autonomie de pensée.

La Banque de France s'est associée à cette initiative – comme elle s'était déjà associée à d'autres expositions d'Universcience – en mettant à disposition son expérience du terrain, son expertise en matière d'analyse et de recherche économiques, et sa connaissance des positions, parfois divergentes, qui ont cours parmi les économistes.

Dans son engagement au service de la diffusion de la culture économique et financière, la Banque de France attache naturellement une attention toute particulière à l'explication de ses missions et de ses objectifs. Pourquoi mettons-nous tout en œuvre, avec les autres banques centrales des pays utilisant l'euro et avec la Banque centrale européenne, pour maintenir la stabilité des prix ? Parce que l'inflation – la hausse généralisée du niveau des prix – rogne en réalité le pouvoir d'achat des Français – notamment des plus modestes –, crée de l'incertitude perturbant, de fait, les décisions d'investissement, de crédit, d'épargne et, finalement, a des effets négatifs sur la croissance et l'emploi.

Comment fonctionne l'économie ? Quels sont les facteurs de croissance et de crise ? Quels sont les grands courants de la pensée économique ? Des éléments de réponses à des questions aussi variées sont apportés par l'exposition ou par ce livre. Au-delà, la Banque de France a souhaité inscrire sa démarche de pédagogie de l'économie dans la durée et a décidé de créer une Cité de l'économie et de la monnaie (www.citedeleconomie.fr), dont cette exposition constitue en quelque sorte une préfiguration. Cette Cité, qui verra le jour à Paris en 2015, sera un lieu permanent dédié à la compréhension de l'économie par le grand public, et en particulier par les jeunes.

En attendant de pouvoir la parcourir, je vous souhaite une bonne immersion au cœur des mécanismes économiques grâce à cet ouvrage.

Christian Noyer
Gouverneur de la Banque de France

Les acteurs, le marché et l'État

Entretien avec **Augustin Landier**, mené par Igor Martinache

Augustin Landier est professeur à l'École d'économie de Toulouse.
Il est coauteur du *Grand Méchant Marché* (Flammarion, 2007)
et de *La Société translucide* (Fayard, 2010).
Igor Martinache est professeur de SES à l'université de Paris-Est Créteil
et intervenant au lycée Suger de Saint-Denis.

Dépliants
L'ÉCONOMIE DOMESTIQUE
LE BUDGET DES ADMINISTRATIONS PUBLIQUES

1

L'ÉCONOMIE DOMESTIQUE

Cuisine, lessive, bricolage, jardinage... Au sein des ménages, chacun exécute ces tâches quotidiennes sans rémunération. En France, cette économie domestique, marquée par le développement des appareils ménagers, représente en moyenne 24 heures par personne et par semaine. Les femmes en assument les deux tiers. Cette situation évolue : avec le travail des femmes et l'aide de l'État aux ménages, de plus en plus de tâches domestiques sont relayées par des services payants.

Accédez à la webapp
« Valorisez votre temps » !

Sources : Agriculture.gouv.fr ;
Population et sociétés, Ined, nov. 2009 ;
Enquête France Bénévolat 2010 ;
Insee 2011.

36 % de la population des
15 ans et plus sont engagés
dans une action bénévole.

En France, en 2010, le travail
rémunéré représentait
environ 38 milliards d'heures.
Le travail domestique,
non rémunéré, représentait
environ le double.

La France compte près de 60 millions
d'animaux de compagnie, soit plus que
tout autre pays de l'Union européenne.
Plus d'un foyer sur deux possède
un animal de compagnie.

2 % seulement des ménages
comprennent 6 personnes ou plus.

2

LE BUDGET DES ADMINISTRATIONS PUBLIQUES

L'État au sens large englobe toutes les administrations publiques. Ses activités échappent à la logique marchande. Au nom de la collectivité, il prélève des ressources sur les autres acteurs économiques. Les dépenses publiques recouvrent l'ensemble des dépenses des administrations publiques : État central, collectivités locales et organismes de sécurité sociale. Leur financement est assuré par les prélèvements obligatoires (impôts et cotisations sociales) et par des emprunts, quand cela ne suffit pas. Le Parlement vote chaque année la loi de finances qui fixe le montant des dépenses et des recettes, et leur répartition entre les diverses fonctions assumées par l'État. La protection sociale (dépendance, retraite, chômage) est celle qui pèse le plus lourd, représentant 42,6 % des dépenses publiques en 2011.

Sources : Insee 2011.

LE MARCHÉ : DÉFINITION

Pourriez-vous commencer par définir précisément ce qu'est un marché ?

La notion de « marché » a des racines très concrètes : au départ, c'est le lieu physique où des acheteurs rencontrent des personnes qui ont des produits, des biens ou des services à proposer. C'est le lieu où l'on négocie le prix et où les échanges se font. Si quelqu'un veut me vendre un produit en me proposant un prix exorbitant, je peux aller voir son voisin et lui demander un meilleur prix pour le même objet. Inversement, le producteur n'est pas l'otage de l'acheteur : il peut attendre qu'un autre se présente. Un glissement s'est ensuite opéré depuis ce lieu physique pour désigner, d'une part, des marchés plus dématérialisés (si je veux acheter une action d'une entreprise, je vais aller sur un marché électronique et non plus sur un lieu physique) et, d'autre part, un concept économique, celui de l'équilibre de l'offre et de la demande par l'ajustement des prix.

Quelles sont les catégories d'acteurs présentes sur le marché ?

Pour commencer, il faut bien souligner qu'au départ du marché il y a deux entités aux intérêts divergents : l'acheteur veut acheter bon marché, et le vendeur veut vendre cher. Ils vont converger vers un prix qui rend possible la transaction, car chacun voit qu'il ne peut trouver mieux : c'est le prix d'équilibre. Quand les économistes parlent d'« agent économique », c'est un raccourci pour parler d'un individu ou d'une organisation (entreprise, entité publique, etc.). De même, un individu peut représenter le ménage auquel il appartient : si l'on envoie son enfant acheter une baguette, est-ce lui qui achète ou la famille ?

On dit que nous évoluons dans des « économies de marché », on parle même de « sociétés de marché » : à quelles autres formes cette notion s'oppose-t-elle ?

Le contraire de l'économie de marché, ce sont des systèmes centralisés où les prix sont fixés par un régulateur ou par l'État lui-même ; dans ce cas, on ne laisse pas le prix émerger par le jeu de l'offre et de la demande sur le marché. L'URSS avait ainsi une économie planifiée : l'État décidait des quantités produites et des prix. Le problème, c'est que celui qui décide du prix peut difficilement savoir le coût de production d'un bien et ce que chacun est prêt à payer pour ce bien. S'il se trompe, l'économie n'utilise pas les ressources au mieux, c'est-à-dire qu'il est physiquement possible d'améliorer le bien-être de tout le monde. Le système soviétique a essayé de mettre en œuvre une planification complète de l'économie. La difficulté, quand on bloque l'ajustement des prix, c'est qu'à moins de viser très juste il n'y a pas de raison que l'offre soit égale à la demande ; on a donc en général des problèmes de pénurie ou de surproduction.
En réalité, c'est un continuum : on n'est jamais purement dans une économie de marché ou purement dans une économie centralisée. Dans des pays comme le nôtre, tous les prix ne sont pas fixés librement par l'acheteur et le vendeur. Il y a beaucoup de marchés, comme celui des médicaments, de l'électricité ou encore celui des taxis, où les prix sont fortement réglementés.

Qu'est-ce que l'économie domestique ?

La maison est aussi un lieu de production et d'échanges. À la maison, l'argent peut être totalement absent des échanges, mais il intervient parfois (avec l'argent de poche des enfants, par exemple). En fait, la présence de flux d'argent n'est pas un bon critère pour savoir si l'on est dans une situation de marché ou pas : un échange comme « je garde les enfants ce soir, mais tu fais la cuisine ce midi » peut être considéré comme une transaction. Il y a deux choses qui distinguent fortement les relations domestiques d'un marché au sens strict. Tout d'abord, ce sont des relations répétées dans le temps et exclusives. Dans le marché dont nous parlions plus haut, il n'y a pas cette notion de « jeu répété » : un acheteur peut être totalement anonyme ou changer de fournisseur en permanence. Dans l'économie domestique, par exemple au sein d'une famille, il y a des renvois d'ascenseur à long terme qui ne relèvent pas directement de la logique de marché. Par ailleurs, on touche avec les relations familiales aux limites de l'intérêt individuel : le fait que les gens aiment léguer un héritage à leurs enfants montre que leur bien-être est directement lié à celui de leurs descendants ; ce n'est donc évidemment pas une simple transaction dont on attend quelque chose en retour. L'aspect économique des relations familiales est un peu tabou, mais certains économistes parlent pourtant de « marché du mariage » : les individus choisissent avec qui signer ce contrat à long terme en comparant les options possibles, ils ne choisissent pas au hasard...

Au sein des entreprises, on observe aussi des relations répétées.

Oui, c'est exact : dans une entreprise, les gens négocient leur salaire, puis coopèrent jour après jour avec leurs collègues pour faire avancer les projets. Ils ne sont pas tout le temps en train de négocier ou de comptabiliser le prix de leurs services, de l'accès aux machines, etc. Cela simplifie les choses, favorise la coopération et fournit une sorte d'assurance (« je toucherai mon salaire, même si l'entreprise a moins besoin de moi ce mois-ci »). En même temps, il y a bien derrière cela un marché de l'emploi : quand on embauche, on compare les diplômes des candidats, leur expérience et leurs exigences salariales.
On retrouve aussi cette importance des relations à long terme entre les entreprises et leurs fournisseurs ou entre une entreprise et son banquier. Si un banquier connaît depuis longtemps une entreprise et qu'il lui fait confiance, il lui tiendra moins rigueur d'un problème de trésorerie passager. Cela n'est pas un phénomène de marché.

?

On parle d'externalité lorsque les actions d'un agent ont un impact positif ou négatif sur un autre agent, sans qu'existe une possibilité de transaction directe entre les deux agents concernant cette action. Par exemple, lorsqu'un mathématicien découvre un théorème, celui-ci devient disponible gratuitement pour tous : c'est une externalité positive.

Tout bien ou service a-t-il, selon vous, vocation à être échangé sur le marché ?

Ce n'est pas noir ou blanc. L'État intervient sur le marché pour éliminer les transactions perverses. Je citerai deux motifs d'intervention. D'abord les externalités : si un consommateur veut acheter un bien dont la production cause une pollution importante, il est efficace de taxer ce bien pour forcer l'acheteur à prendre en compte l'effet négatif de la pollution. Un second motif d'intervention, c'est ce que l'on appelle le paternalisme : l'État protège les individus un peu comme les parents protègent leurs enfants ; en particulier, il invalide les transactions où l'une des parties n'est pas consciente de ce que la signature du contrat va impliquer, ou dans laquelle elle est particulièrement vulnérable ou inattentive au moment de signer. Bien sûr, il faut veiller à ce que cela n'empiète pas trop sur la liberté individuelle. C'est un très vieux thème dans l'histoire du capitalisme, qui est bien traité dans *Le Marchand de Venise** : convaincu qu'il ne prend aucun risque, Antonio signe un contrat stipulant qu'on lui prélèvera une livre de chair s'il n'arrive pas à rembourser sa dette. Mais les choses ne tournent pas comme il l'avait prévu... Le rôle du régulateur est d'éliminer ces situations où des gens signent des contrats qu'ils ne comprennent pas ou qui sont clairement trop extrêmes. Par exemple, on ne peut pas signer avec une entreprise un contrat où l'on s'engage à travailler toute sa vie pour elle : ce dernier ne serait pas considéré valable par un juge.

Le Marchand de Venise de William Shakespeare (1597).

Le monde du travail est fortement régulé. N'est-il donc pas abusif de parler de marché du travail ?

Un employeur ne doit pas, par exemple, mettre en danger la santé de ses salariés, mais je ne pense pas pour autant qu'il soit abusif de parler de « marché » du travail. Ce qui correspond au prix sur le marché du travail, c'est le salaire. Il y a en France un salaire minimum. Mais, pour les salaires au-dessus du salaire minimum, une logique de marché reste intacte (on parle de « négociation salariale ») ; elle est simplement encadrée par des règles du jeu. Il y a un bon équilibre à trouver dans l'introduction de ces règles. Par exemple, rendre les licenciements trop difficiles cristallise un mode d'organisation du travail où les employeurs n'embauchent et ne licencient que rarement. Le marché du travail devient alors moins « fluide », et les périodes de chômage deviennent excessivement longues pour ceux qui ont la malchance de se retrouver sans emploi.

Le rôle de l'État semble aller bien au-delà de la fonction de législateur et de régulateur ?

?

Produit intérieur brut.

Oui, les dépenses publiques représentent en France un peu plus de 55 % du PIB, c'est-à-dire de la valeur créée par le pays chaque année. Ces dépenses publiques sont de plusieurs types : il y a les transferts sociaux, comme le remboursement des frais de santé, qui sont versés aux individus qui y ont droit ; il y a par ailleurs le salaire des fonctionnaires, dans les différents secteurs d'activité où l'État est présent : administration, armée, éducation, santé, etc. Pour financer ces dépenses, l'État utilise les recettes des différentes taxes. Il peut aussi emprunter de l'argent. En période de crise, les recettes diminuent : lorsque moins de valeur est créée, le produit des taxes est mécaniquement plus faible. Il n'y a alors que trois possibilités pour ceux qui gouvernent l'État : augmenter le niveau de dette, augmenter les taxes ou baisser les dépenses. Les investisseurs acceptent de prêter à des taux d'intérêt bas tant qu'ils sont convaincus que l'État sera capable de rembourser dans l'avenir. S'ils pensent qu'il y a une probabilité importante que l'État fasse défaut (c'est-à-dire ne rembourse pas intégralement sa dette), ils demandent au moment de prêter des taux d'intérêt très élevés ; autrement dit, emprunter devient cher pour l'État. Cela met une limite au niveau de dette auquel l'État peut raisonnablement recourir sans mettre en péril la santé des finances publiques.

Quelles sont les conditions nécessaires pour qu'un marché fonctionne de la manière la plus idéale possible ?

Le marché parfait est un marché où l'information est complète, non coûteuse, et où il est possible de trouver des alternatives par la concurrence. Quand j'achète un produit, il faut que je sache ce que j'achète aussi bien que le vendeur ; s'il faut quatre jours de lecture d'un manuel pour comprendre ce qu'on achète, on n'est pas dans le marché parfait. Il faut aussi un accès facile à la concurrence : si je vais à la boulangerie et que la baguette est à 10 euros aujourd'hui, je vais aller ailleurs, mais il ne faut pas que la prochaine boulangerie soit à 100 kilomètres. Enfin, chaque producteur, chaque acheteur doit représenter une toute petite part de l'ensemble du secteur.

Mais il existe un écart entre les principes du marché et le fonctionnement réel de la vie économique et sociale...

Et c'est précisément cet écart qu'étudie la recherche en économie ! Le marché pur et parfait est un cadre conceptuel utile pour comprendre certaines forces de l'économie, mais ce qui est intéressant et important pour comprendre le réel, c'est d'y ajouter des grains de sable : par exemple, un acheteur connaît d'ordinaire moins bien ce qu'il achète que le vendeur. C'est une situation d'« asymétrie d'information », sur laquelle est basée toute la théorie du crédit ou de l'assurance. On peut parler alors de « marché imparfait ». De même, la concurrence est rarement parfaite : il est coûteux de chercher un autre fournisseur, ou un autre employeur. L'économiste incorpore cela dans ses modèles. De plus en plus, on s'intéresse aussi en économie à la psychologie humaine : les gens ne sont pas des robots calculateurs ; parfois ils sont irrationnels et font des erreurs qu'on peut prévoir.

Pourriez-vous préciser la différence entre le capitalisme et l'économie de marché ?

Le capitalisme, c'est l'idée qu'il y a une possession privée des moyens de production, mais cela peut exister dans des économies qui ne sont pas des économies de marché. Imaginez une situation où quelques familles possèdent les moyens de production du pays, mais ne laissent pas la concurrence opérer et obtiennent donc une rente de monopole, c'est-à-dire des profits anormalement importants par rapport aux coûts de production. Cela, c'est le capitalisme sans le marché... Il y a d'un côté une notion de possession des moyens de production dans des mains privées (le capitalisme) et, de l'autre, une logique qui suppose la concurrence (le marché), la libre entrée. Et il faut bien comprendre que les « capitalistes » sont en général contre la concurrence, car cela diminue leur rente !

?

Rente de monopole : c'est le surplus de profit qu'obtient une entreprise du fait de l'absence ou de la faiblesse de la concurrence.

Y a-t-il un lien entre le marché et la démocratie ?

Oui, dans un certain sens. Car acheter et vendre, c'est en quelque sorte voter. Combien de ressources doivent être allouées à la production de tel ou tel bien ? L'ajustement libre des prix donne une réponse à cela. C'est un moyen efficace de faire émerger la préférence collective en agrégeant des préférences individuelles. On peut voir le marché comme une technique qui permet de savoir ce que les gens veulent collectivement. Si l'on s'en remet pour décider des quantités produites à un fonctionnaire dans un ministère, son jugement sur la préférence collective risque d'être arbitraire.

BANQUE ET MONNAIE

Pourquoi parle-t-on autant des marchés financiers ? Sont-ils si importants que cela ?

Il y a plusieurs raisons. Tout d'abord, les marchés financiers envoient des signaux importants sur l'état de l'économie : la montée du prix d'une action d'entreprise ou de la dette d'un pays reflète quelque chose sur les anticipations. Par exemple, si le cours en Bourse (c'est-à-dire la valeur des actions) des entreprises du Japon baisse par rapport à celles du reste du monde, cela donne une indication négative sur la croissance future dans ce pays. Tout cela permet d'ausculter, de décrire ce qui se passe dans l'économie de manière synthétique. Il est normal qu'on en parle beaucoup. Enfin, la taille des marchés financiers est colossale : c'est logique, car la somme de la dette et des actions d'une entreprise, c'est la valeur de tous ses profits futurs ; de même que la valeur d'une maison aujourd'hui, c'est celle du droit à percevoir tous les loyers futurs. Les sommes en jeu sont donc énormes.

?

Anticiper, c'est se représenter les différents scénarios possibles pour le futur et leurs probabilités d'advenir.

Nous n'avons pas parlé des banques. À quoi elles servent concrètement ? Leur mission ou leur activité ont-elles évolué au cours des dernières décennies ?

Les banques jouent un rôle important dans le financement de l'économie ; c'est vrai en particulier en France. Un aspect presque intrinsèque à l'existence des banques est le dépôt d'argent sur un compte, qu'on peut vider quand on veut. La banque, elle, utilise cet argent pour faire autre chose : elle prête aux entreprises, aux ménages, etc., sous forme de dettes. Ces dettes ne sont remboursées qu'au bout de longues années, parfois de décennies. La banque permet donc de transformer des engagements de court terme (les dépôts) en promesses de long terme (les prêts aux ménages et aux entreprises), on appelle cela la « transformation de maturité » : les gens ne s'engagent pas sur la durée de leur dépôt, ils peuvent le retirer à tout moment, mais la banque, elle, prête à des entreprises sur le long terme ; elle transforme du court terme en long terme. C'est sa force et sa faiblesse, car cela la rend très vulnérable à des chocs sur la confiance de l'institution : si tout le monde retire son argent en même temps, elle explose puisqu'elle ne peut plus honorer ses engagements auprès des déposants. C'est pour cela que l'État garantit les dépôts. La mauvaise santé des banques peut du coup affecter doublement les contribuables : l'État risque de devoir renflouer les banques, et l'économie ralentit, car les banques hésitent à prêter.

Qu'entendez-vous par « financement de l'économie » ?

Tous les jours, beaucoup de projets sont lancés, prolongés ou abandonnés dans l'économie. Typiquement, un projet suppose un gros investissement au départ (achat de machines par exemple), qui ne rapporte des bénéfices qu'à long terme. Le marché du crédit, c'est-à-dire la possibilité d'emprunter pour financer l'investissement, joue donc un rôle crucial : beaucoup de gens ont des projets, mais la difficulté, c'est d'évaluer si ces projets sont valables ou non. Pour une grande partie de l'économie, c'est le banquier qui décide de la viabilité économique de ces derniers en choisissant s'il accepte de prêter, et à quel taux. Le taux d'intérêt, c'est le « prix » sur le marché du crédit.

Pourriez-vous nous expliquer ce qu'est la monnaie et, en particulier, qui la crée ?

Si Untel produit des carottes, un autre des poireaux, un autre des navets, et que chacun veut faire une soupe en suivant sa propre recette de cuisine, il est compliqué pour chacun de créer le bon panier en échangeant un à un les produits. C'est beaucoup plus simple d'avoir un bien de référence. La monnaie permet d'éviter le troc : tout le monde se coordonne sur une référence commune pour faire les transactions. Autrefois, les monnaies étaient une certaine quantité de métal ; puis les banques ont créé les billets, et, enfin, on a convergé sur l'idée qu'il n'y aurait qu'une monnaie par pays (dans le cas de la France, notre monnaie, l'euro, est commune avec d'autres pays) : émettre cette monnaie, c'est le monopole des banques centrales, entités parapubliques, qui sont indépendantes du pouvoir politique dans de nombreux pays. Elles ont un mandat dont la ligne principale est, en général, de maintenir la stabilité des prix. On délègue à ces institutions le droit de décider de la taille de la masse monétaire, et l'exclusivité de l'émission de cette monnaie.

Vente de légumes sur le célèbre marché flottant de Ywama, (Birmanie, 2011).

Elle met donc de la monnaie en circulation, mais de quelle manière exactement ?

Les banques centrales accélèrent ou décélèrent les émissions de monnaie en jouant sur le taux d'intérêt auquel elles prêtent aux autres banques. Si elles baissent les taux, cela aide à relancer l'économie. En bref, plus les taux d'intérêt sont bas, plus les banques vont avoir l'impression que l'argent est « peu cher », et donc que les projets dans l'économie sont attractifs ; elles vont prêter plus. Cela augmente la quantité totale d'argent qui circule.

La monnaie ne serait qu'un voile sur les échanges, comme l'avancent certains économistes ?

Si la monnaie n'était qu'une convention de mesure (comme le mètre, le kilogramme, la minute, etc.), elle ne devrait pas avoir d'impact réel : que l'on mesure en mètres ou en miles ne change pas la nature de la conduite automobile... Mais il se trouve que les prix (notamment les salaires) sont rigides, c'est-à-dire qu'ils mettent du temps à changer (surtout à baisser) après un choc économique qui implique un ajustement. Cela brise la neutralité de la monnaie. Si l'on était dans un monde où les prix changeaient à chaque instant, la monnaie serait juste une convention arbitraire. Mais, comme les prix ne changent pas à court terme, le rôle de la banque centrale est de créer des effets de freinage ou d'accélération de l'économie en changeant la quantité de monnaie ou les taux d'intérêt. C'est ce qu'on appelle la « politique monétaire ». C'est un jeu subtil, car on ne peut pas être en permanence en train d'accélérer : si tout le monde sait que la banque centrale fabrique beaucoup de monnaie, cela crée de l'inflation, qui neutralise cet effet d'accélération. La banque centrale ne doit « booster » l'économie que de manière parcimonieuse, dans les mauvaises périodes. C'est un peu comme les antibiotiques, il ne faut pas en prendre en permanence.

?

L'inflation se produit quand le prix des biens et services ont tendance à augmenter rapidement.

LE MARCHÉ ET L'ÉTAT

Que pensez-vous des grosses firmes ? Ne sont-elles pas le premier obstacle au bon fonctionnement des marchés ?

La réponse n'est pas la même selon les secteurs. Dans certains cas, il y a des rendements d'échelle importants. Pour une usine de téléphones par exemple, il faut produire beaucoup ; cela ne vaut en effet pas le coup de se lancer dans ce secteur si le but est de ne produire que quelques centaines d'unités. Ces gains

?

Rendement d'échelle : quand il est moins cher de produire une très grande quantité qu'une petite quantité de biens.

d'efficacité à produire en grande quantité engendrent mécaniquement quelques très grandes entreprises qui dominent le secteur. Dans un cas extrême, il se peut qu'il n'y ait qu'une seule entreprise. On parle alors de «monopole naturel», comme dans le cas de la distribution d'eau (ce serait très coûteux de dupliquer les canalisations). Il faut alors rester vigilant et contrôler la manière dont le prix est fixé. Le régulateur doit intervenir pour être sûr que le consommateur ne soit pas victime d'entreprises qui tireraient parti de l'absence de concurrence pour pratiquer des prix anormalement élevés.

Y a-t-il un changement d'attitude des pouvoirs publics et une moindre volonté de faire respecter l'ordre des marchés ?

Ces questions de concurrence se jouent maintenant plus au niveau européen que national. On est face à une nouvelle forme de rendement croissant avec les économies de réseaux. Si je suis utilisateur d'Apple, de Facebook ou de Dropbox, les gens qui travaillent avec moi ont intérêt à faire pareil, car nos échanges vont s'en trouver simplifiés. Il y a des entreprises qui sont devenues très importantes en faisant jouer cet effet de réseau. Technologiquement, les économies de réseaux débouchent naturellement sur la domination d'une grosse entreprise: un seul Facebook, etc. Ce n'est donc pas un monde parfaitement concurrentiel, mais il ne s'agit pas d'en empêcher le développement. Le régulateur doit être vigilant pour éviter la prise en otage du consommateur et faire en sorte que les géants puissent être remis en cause par des entrepreneurs innovants qui arriveraient sur le marché avec de nouvelles technologies, de nouveaux produits.

Face à l'existence de ces monopoles naturels, certains plaident pour l'intervention de l'État. Les pouvoirs publics doivent-ils devenir un opérateur économique direct ?

En général, plutôt qu'opérateur direct, l'État doit être l'horloger qui détermine les règles du jeu et les incitations dans l'économie. En cas de monopole naturel, il doit contrôler les prix, mais cela ne veut pas dire qu'il doit opérer lui-même. Il a un rôle à jouer dans la production de biens publics, comme les infrastructures (c'est-à-dire les routes, mais aussi les universités, les autoroutes de l'information, etc.). Ces infrastructures peuvent appartenir à l'État, mais il est souvent plus efficace qu'elles soient exploitées par des opérateurs privés qui achètent à l'État une licence ou une concession. Dans les secteurs innovants, un monopole d'État est rarement une bonne idée. Des entreprises comme Google ou Apple ont détrôné les géants qui les précédaient. Ces entreprises peuvent sembler dominantes, mais elles doivent se réinventer en permanence pour ne pas être rattrapées. Elles le feraient moins si elles appartenaient à l'État et que l'entrée de concurrents était interdite.

Avec la mondialisation des marchés, on voit se creuser les inégalités à l'intérieur des pays, plus qu'entre les pays. Pensez-vous que les marchés puissent lutter contre les inégalités ?

Non, ce n'est pas leur rôle : c'est à la redistribution par la fiscalité de jouer ce rôle, et cela est tout à fait compatible avec le marché. Pendant les trente dernières années, des pays qui étaient pauvres ont vécu une phase de rattrapage remarquable. De nouvelles classes moyennes ont émergé en Asie et en Inde. Le niveau d'éducation dans les pays émergents a monté, et ils nous concurrencent non seulement sur le travail peu qualifié, mais désormais aussi sur des tâches à plus forte valeur ajoutée. À l'échelle de l'humanité, cette évolution, qui est liée à l'existence d'un marché globalisé, est formidable : il n'y a pas de raison pour que certains pays riches bénéficient d'une sorte de rente de situation éternelle. Petit à petit, les salaires vont converger : les classes moyennes des pays émergents sont de moins en moins pauvres par rapport à nous. À court terme, cette dynamique fragilise certains travailleurs peu qualifiés des pays développés et même une partie des classes moyennes. Fermer les marchés n'est pas la solution (on ne peut pas forcer les Chinois à acheter nos voitures...) ; la solution, c'est la redistribution (il appartient à chaque société d'en choisir le niveau, c'est une décision politique) et un effort soutenu dans l'éducation.

Le problème des marchés financiers réside dans l'opacité de leur fonctionnement ?

Le manque de transparence a été au cœur de la crise actuelle. Beaucoup de choses restent opaques, notamment le détail du bilan des banques : que possèdent-elles exactement, que doivent-elles payer à d'autres acteurs, qui sont ces autres acteurs ? Cette opacité génère des phénomènes déstabilisateurs de contagion entre les banques (c'est le « risque systémique »). Les grandes banques se savent protégées par l'État et elles en tirent parti. Il faut donc pouvoir surveiller les risques qu'elles prennent, puisque, en cas d'accident, c'est le contribuable qui paie. Il reste d'importants progrès à faire dans ce domaine, et cela passe par la production d'une quantité plus grande d'information publique. Les banques se battent pour éviter le basculement de certaines activités (par exemple le marché des obligations ou celui de certaines options) vers des marchés transparents. La raison, c'est que l'opacité et la complexité, qui sont des sources de risques, sont aussi génératrices de revenus très élevés dans cette industrie.

?

Le bilan d'une entreprise, c'est d'une part ses « actifs » (tout ce qu'elle possède), et de l'autre son « passif », c'est-à-dire ce qu'elle doit à ses créanciers et à ses actionnaires. Si la valeur du passif est supérieure à celle des actifs, l'entreprise risque la faillite au bout d'un certain temps.

?

Les obligations d'entreprises sont des contrats de dette qui peuvent être échangés. L'entreprise rembourse périodiquement sa dette au détenteur de l'obligation. Contrairement aux actions, les obligations ne sont pas échangées sur des marchés transparents.

C'est donc ça, le paradoxe, finalement ? Les premiers adversaires des marchés en sont aussi les acteurs.

Bien sûr : il faut en permanence défendre le capitalisme contre les capitalistes. Mais cela n'est pas vraiment paradoxal. Souvenez-vous de la distribution des rôles sur le marché : le vendeur veut vendre cher. Le capitaliste, c'est le vendeur. Une fois établi, il a tout intérêt à empêcher l'entrée de concurrents : c'est son rôle de maximiser ses profits. Or, dans l'esprit du capitalisme, les profits anormalement élevés (les « rentes ») ont vocation à disparaître, du fait de la pression de la concurrence et de l'innovation. Cette tension nécessite une vigilance permanente : les lobbies industriels, qui défendent les intérêts des grandes entreprises, cherchent souvent à influencer le régulateur et les politiques pour faire passer des lois qui limitent la concurrence (en prétextant, par exemple, qu'il faut protéger l'emploi ou le consommateur). Il faut savoir leur résister et décrypter leurs revendications.

Manifestation en 2012 des employés du Crédit immobilier de France (CIF) contre la fermeture programmée de la banque (Paris, France).

Le marché, la règle et la régulation

Entretien avec **Agnès Bénassy-Quéré**, mené par Isabelle Delzant

Agnès Bénassy-Quéré est professeure à l'École d'économie de Paris, université Paris-1 et présidente-déléguée du Conseil d'analyse économique (CAE).
Isabelle Delzant est professeure d'économie et de gestion.

Dépliants

DES MARCHÉS ENCADRÉS

LES EXTERNALITÉS

3

DES MARCHÉS ENCADRÉS

Les marchés peuvent-il exister sans règles ? Évidemment non, répondent depuis longtemps les économistes ! Sur ce dépliant, vous trouverez des exemples de règles mises en place pour que les échanges entre acteurs économiques se déroulent correctement.
Prenons la publicité : que serait votre vie de tous les jours si les entreprises communiquaient sur des caractéristiques que n'ont pas leurs produits ? Comment feriez-vous pour prendre une décision d'achat ?

Banque

En France, l'Autorité de contrôle prudentiel (ACP) protège les clients des banques et des assurances. Elle veille à la mise en place de pratiques commerciales équilibrées et contribue à la stabilité du système financier dans son ensemble. Elle veille aussi à limiter les frais abusifs ou les incitations au surendettement des ménages.

Prix

Si la quantité de monnaie en circulation dans l'économie augmente plus que les quantités de produits disponibles, les prix risquent d'augmenter fortement. La banque centrale contrôle la quantité de monnaie dans l'économie pour garantir la stabilité des prix et donc la valeur de la monnaie.

Échanges
Un achat sur Internet, tout comme en magasin, est un contrat qui oblige l'acheteur à payer et le vendeur à livrer la marchandise. En l'absence de règlement ou de livraison, chacune des parties peut obtenir réparation devant un tribunal.

Logement
Pour faciliter le logement des personnes à faibles revenus, l'État construit des habitations dont les loyers sont inférieurs à ceux du marché : ce sont les HLM (habitations à loyer modéré).

Téléphone
Depuis 1997, il existe en France un organisme indépendant qui veille à l'existence d'une concurrence loyale sur le marché des communications : l'Autorité de régulation des communications électroniques et des postes (ARCEP).

Publicité
Les publicités mensongères sont interdites. En France, ces pratiques sont surveillées par le ministère de l'Économie et sa Direction générale de la concurrence, de la consommation et de la répression des fraudes (DGCCRF).

4

LES EXTERNALITÉS

Les économistes parlent d'externalité positive ou négative quand l'action d'un acteur économique a un impact favorable ou défavorable sur d'autres acteurs, sans contrepartie monétaire. L'État met en place des régulations pour favoriser les externalités positives et décourager les externalités négatives.

MARCHÉ ET RÈGLES

Comment fonctionne idéalement l'échange sur un marché ?

Les manuels d'économie présentent un marché idéal, utopique, où la demande (des consommateurs) est une fonction décroissante des prix (plus les prix augmentent, moins il y a de demande), tandis que l'offre (des producteurs) est une fonction croissante des prix (plus le prix est élevé, plus les entreprises vont se mettre sur ce marché, et l'offre va augmenter). On dit qu'un marché fonctionne efficacement s'il n'y a pas de gâchis : les facteurs de production (le travail, le capital, l'énergie) sont employés en priorité pour produire *à moindre coût* les biens et services *les plus utiles* aux consommateurs.

En quoi le jeu du marché permet-il d'atteindre cette efficacité ?

Supposons que le cours du pétrole augmente. Par le libre jeu du marché, un certain nombre d'activités économiques vont disparaître. Ce sont celles qui utilisent le moins efficacement l'énergie, ou bien celles qui utilisent le pétrole pour produire des biens dont l'utilité n'est pas telle qu'elle justifie une hausse de prix aux yeux des consommateurs.
Compte tenu du nombre de secteurs d'activité et de la variété des consommateurs, il serait impossible à un planificateur de décider *ex nihilo* quelles activités doivent être « sacrifiées » lorsque le prix du pétrole augmente. L'ajustement se fait de manière décentralisée, au niveau des consommateurs qui se détournent de certains produits devenus trop chers, et des entreprises qui ferment ou réallouent leur production. L'ajustement est « efficace » au sens où il minimise la perte de bien-être pour les consommateurs pris dans leur ensemble.

Cette efficacité supposée du marché n'engendre-t-elle pas des inégalités ?

Absolument. On dit que le libre jeu du marché permet d'atteindre une forme d'optimalité appelée « optimum de Pareto », une situation dans laquelle on ne peut accroître le bien-être d'un individu sans réduire celui d'au moins un autre. C'est un résultat très fort et en même temps très limité, parce qu'on pourrait avoir envie d'augmenter le bien-être de quelqu'un et de réduire celui d'autres lorsqu'on juge la répartition inéquitable.
Souvent, le marché aboutit à une situation efficace mais inéquitable. On va alors décider, par exemple, de taxer les individus les mieux lotis pour redistribuer en faveur des plus pauvres. Mais la taxe va introduire des distorsions dans les prix relatifs qui vont réduire l'efficacité du marché. Par exemple, une taxe sur les revenus de l'épargne va réduire l'incitation des riches à épargner et réduire, par conséquent, les financements disponibles pour l'investissement des entreprises, ce qui, *in fine*, amenuise le rythme de croissance des revenus et de l'emploi. Tout l'art de la politique économique consiste à combiner les deux objectifs d'efficacité et d'équité.

Quelles sont les conditions pour que le marché fonctionne de façon satisfaisante ?

En pratique, les marchés fonctionnent rarement selon ce schéma idéal. Je citerai trois problèmes fréquents.

1) Le défaut de concurrence

Le problème le plus connu est le défaut de concurrence, c'est-à-dire le fait que les entreprises s'entendent pour contrecarrer les forces du marché. C'est le cas sur le marché du pétrole. L'OPEP est un groupe organisé de pays pétroliers qui fixent conjointement le niveau de production pour cibler un certain niveau de prix. Si le prix baisse, l'OPEP ferme le robinet et le rouvre quand le prix remonte. Ce comportement permet de maximiser les profits pour les pays de l'OPEP, mais il brouille le signal prix, qui ne reflète plus le déséquilibre entre la demande et les capacités de production.

? Organisation des pays exportateurs de pétrole.

La manière habituelle de mesurer le degré de concurrence effective est de regarder le profit réalisé par les entreprises. Quand un marché fonctionne bien, le profit correspond à une

rémunération dite «normale» du capital. C'est la rémunération du temps et du risque: si j'investis aujourd'hui 100 euros dans une entreprise, je prête cette somme pour un an, je renonce donc à une consommation immédiate de 100 euros. Je n'accepte de le faire que si cela me permet de consommer davantage l'an prochain, disons 103 euros au lieu de 100. Par ailleurs, il se peut que l'entreprise fasse faillite, auquel cas je ne retrouverai pas les 100 euros investis. Pour me convaincre d'investir, il faut donc m'offrir un retour espéré disons de 105 euros pour un investissement de 100: compte tenu du temps et du risque, la rémunération «normale» du capital est alors de 105/100 = 5 %. Au-delà de ce chiffre, on va considérer que le profit est anormalement élevé. L'excès de profit est appelé rente. Lorsque des entreprises s'entendent pour empêcher les prix de baisser, elles s'octroient une rente au détriment du consommateur. C'est une cause majeure d'inefficacité, car un certain nombre d'individus doivent se priver du produit en question en raison de son prix élevé: la consommation, la production et l'emploi sont plus faibles que dans une situation de concurrence.
En France, les trois principaux opérateurs mobiles (Orange France, Bouygues Télécom et SFR) ont été sanctionnés en 2005 par l'Autorité de la concurrence, une sorte de police de la concurrence, pour avoir échangé des informations stratégiques et s'être entendus sur la stabilisation de leurs parts de marchés respectives. Ces pratiques sont interdites.

2) Les asymétries d'information

Souvent, le vendeur et l'acheteur n'ont pas accès à la même information. Ce problème a été mis en évidence en 1970 par l'économiste américain George Akerlof, à partir de l'exemple du marché des voitures d'occasion. Sur ce marché, le vendeur a beaucoup plus d'information que l'acheteur potentiel: il sait ce que vaut véritablement le moteur. Le vendeur veut vendre cher, car il pense qu'il a une bonne voiture, mais l'acheteur, sans connaissance du véhicule, n'est pas prêt à mettre ce prix. Des intermédiaires (des garagistes qui donnent des labels, voire garantissent les véhicules) sont alors nécessaires pour que des transactions aient lieu. Le même problème se rencontre sur le marché du crédit. Si un étudiant se rend dans une banque pour demander un prêt, la banque va peut-être hésiter parce qu'elle n'a pas de moyen de vérifier le potentiel de remboursement. Elle va donc demander une caution parentale, et si celle-ci n'est pas possible la transaction n'aura pas lieu, alors que le jeune a peut-être un très grand potentiel. C'est pareil pour les PME qui offrent *a priori* peu de garanties aux banques. Dans de tels cas, l'ajustement du prix ne permet pas d'équilibrer l'offre et la demande : en augmentant le taux d'intérêt, la banque sait qu'elle risque d'attirer de « mauvais » emprunteurs (qui présentent de grands risques de ne pas rembourser). Elle préfère donc s'abstenir de prêter plutôt que de prêter à des taux plus élevés.

?

Petites et Moyennes Entreprises.

3) Les externalités

On appelle « externalité », ou « effet externe », l'effet d'une transaction économique sur une tierce partie. Par exemple, un enfant achète un Esquimau glacé à un vendeur ambulant et jette l'emballage sur la voie publique. La transaction se déroule entre l'enfant et le marchand de glaces, mais elle affecte une tierce partie – la municipalité, qui va devoir nettoyer la voie. Le prix de la glace n'inclut pas le coût du nettoyage. On dit alors qu'il y a une externalité négative : la transaction a engendré un coût social, lequel devra être couvert par des impôts qui viendront grever la consommation des contribuables. Dans un tel cas, le prix de libre concurrence correspond aux coûts de l'entreprise (travail, matière première, transport, etc.). Il n'y a pas de rente, et pourtant la situation n'est pas efficace car le coût social (le nettoyage) n'est pas intégré au prix de vente. Du point de vue de la société, le prix des glaces est trop bas, et la consommation trop élevée.

À l'inverse, l'externalité peut être positive. L'exemple typique est celui de l'horticulteur et de l'apiculteur : un horticulteur cultive des fleurs et les vend sur un marché. Cette fois, le prix est trop bas par rapport au bien-être social, parce qu'il ne tient pas compte du fait que ses fleurs sont aussi l'alimentation des abeilles : le prix ne lui donne pas la bonne incitation sur la quantité de fleurs à produire. Symétriquement, le prix fixé par l'apiculteur pour son miel est lui aussi trop bas, car il n'inclut pas le service qu'il rend à l'horticulteur en assurant la pollinisation. En présence d'externalités, qu'elles soient positives ou négatives, le marché seul n'est pas efficace.

Cela signifie que les entreprises respectueuses de l'environnement ne sont pas récompensées ?

La récompense ne vient pas naturellement. Tout l'enjeu va être de corriger les externalités par trois types d'instruments : les réglementations, les taxes et la création de nouveaux marchés. On pourrait par exemple interdire les emballages autour des glaces, ou bien taxer les vendeurs de glaces en proportion de leurs ventes, ou encore mettre des contraventions aux consommateurs indélicats. Ainsi, le pollueur devient payeur et paie le coût complet de sa glace – nettoyage compris.
Dans certains cas, l'État intervient en créant un marché. Imaginons deux usines rejetant toutes deux des déchets polluants dans une rivière. On pourrait taxer les émissions polluantes de chacune. Mais ce n'est pas efficace si la réduction des émissions polluantes est moins coûteuse pour l'une que pour l'autre. Dans ce cas, il vaut mieux donner ou vendre aux deux firmes une quantité limitée de droits à émettre de l'eau polluée. Celle pour laquelle il est facile de réduire les émissions va revendre ses droits à l'autre. Au total, la quantité d'eau rejetée polluée diminuera, mais on aura alloué les efforts là où c'était le moins coûteux. Le marché européen du CO_2 est construit sur ce principe. Cependant, pour que cela fonctionne correctement, il faut que le prix soit stable. Sur le marché du CO_2, le prix s'est effondré avec la crise, du fait d'une allocation trop généreuse de quotas au regard d'une activité économique qui a chuté. Il n'y a donc plus d'incitation à faire des efforts pour réduire la pollution. Si le prix varie trop, on préférera une taxe.

LES LIMITES DU MARCHÉ

La crise financière mondiale de 2008 ne révèle-t-elle pas d'autres graves limites de l'économie de marché ?

Oui, cette crise illustre un autre aspect des problèmes d'information. Lorsque vous achetez une pomme, vous la croquez et vous savez tout de suite ce qu'elle vaut. Si vous êtes déçu, vous sanctionnez immédiatement le marchand de quatre-saisons qui vous l'a vendue en cessant de lui acheter des pommes. Dans le cas d'un produit financier, on n'en découvre la qualité que plusieurs années après, à un moment où le vendeur aura peut-être disparu. Cela justifie la régulation et la transparence quand les banques vendent un produit financier : un livret d'épargne, un compte d'actions, une assurance-vie, etc. Il y a une obligation pour la banque de fournir une documentation sur les produits financiers qu'elle vend.

Crise des *subprimes* : maison sous saisie, mise aux enchères, Détroit (États-Unis, 2009)

Le problème est compliqué par le fait que, dans la finance « moderne », la banque elle-même a du mal à connaître la qualité véritable des produits qu'elle achète et qu'elle vend, lesquels sont des montages compliqués à partir de titres dont on ne connaît pas bien la provenance, le risque et surtout la corrélation entre les différents risques qui les composent. Avec les *subprimes* (prêts immobiliers risqués aux États-Unis), les banques ont découvert après plusieurs années que les pommes qu'elles avaient dans leurs coffres étaient véreuses.

Le problème n'a-t-il pas été exacerbé par un endettement excessif ?

Oui. Comme toute entreprise, une banque se finance par apport de capital (vente d'actions) et par endettement. Mais, contrairement aux entreprises non financières, les banques vont spontanément s'endetter excessivement. Donnons une illustration concrète : une banque a 100 euros de capital, c'est-à-dire qu'elle a émis des actions pour une valeur de 100 euros. Elle place ces 100 euros à un taux d'intérêt de 3 %. Dans un an, elle aura 103 euros et pourra distribuer un profit de 3 euros (soit 3 %) à ses actionnaires. Imaginons maintenant que la banque utilise ces 100 euros de capital pour convaincre des investisseurs de lui prêter 900 euros au taux d'intérêt de 2 %. Au total, elle a 1 000 euros qu'elle va pouvoir investir à 3 %. Dans un an, ses 1 000 euros seront devenus 1 030 euros, soit un gain de 30 euros. Elle devra payer les intérêts sur les 900 euros empruntés, soit 2 % de 900 euros, ce qui fait 18 euros. Il lui reste donc 30 – 18 = 12 euros qu'elle va verser à ses actionnaires. Pour eux, le rendement est maintenant de

12 euros pour une mise de 100 euros, soit 12 %. Le rendement est passé de 3 à 12 % uniquement parce que la banque a pu emprunter pour accroître les sommes investies.
Cette stratégie est risquée : si la banque perd 10 % sur son investissement (au lieu de gagner 3 %), la perte est de 100 euros (10 % de 1 000 euros), exactement le montant du capital. En principe la banque devrait faire faillite ; la valeur du capital étant tombée à zéro, les actionnaires perdent leur mise. Mais, en pratique, l'État va faire en sorte que la banque ne fasse pas faillite de manière à protéger les déposants et à éviter des effets en chaîne sur les autres banques. Donc, la banque sait qu'elle est protégée en cas de perte et ne va pas hésiter à s'endetter.

Des règles n'ont-elles pas été imposées pour éviter ces dérives ?

Ce sont les accords dits « de Bâle » (accord de Bâle I en 1988, Bâle II en 2004, Bâle III en 2010). L'idée est d'imposer un rapport minimum entre le capital des banques et la somme de leurs prêts risqués. Dans notre exemple, ce rapport est de 100 pour 1000, soit 10 %. Limiter l'endettement des banques, c'est limiter le risque bancaire qui, *in fine*, retombe sur le contribuable ; c'est aussi limiter la capacité de prêt des banques et donc la formation de bulles spéculatives. Les bulles sont nourries par les comportements de spéculation consistant, par exemple, à acheter par emprunt un appartement pour 300 000 euros dans l'espoir de le revendre 400 000 euros l'année suivante. En limitant les capacités d'emprunt, on limite la spéculation et donc les bulles.

?

Bulle spéculative : hausse du prix d'un actif financier sans rapport avec ses déterminants économiques.

Pourquoi vouloir éviter les bulles spéculatives ?

Il est important de comprendre qu'une bulle est très inefficace. Celle de la construction en Espagne le montre bien : juste avant la crise, 13 % de la population active travaillait dans la construction, et un jeune recevait, dès l'âge de seize ans, des offres d'emploi pour ce secteur avec la perspective de gagner plus d'argent que s'il avait fait des études. Quand la crise est arrivée, le monde de la construction s'est écroulé, et ces jeunes se sont retrouvés sans emploi ni diplôme. Une bulle immobilière peut conduire à des choix pénalisants sur le long terme ; à cause de la bulle immobilière, le marché n'a pas su donner les bons signaux de prix.

On parlait des limites du marché. Certains biens et services sont produits hors marché...

C'est le cas notamment de l'éducation primaire et secondaire. Si on laisse faire le marché, il est probable que le niveau d'éducation des jeunes sera trop faible par rapport aux besoins de l'économie et à notre conception de la société. Cela est lié aux externalités évoquées tout à l'heure : chacun voit le coût que représente l'envoi des enfants à l'école et va préférer, lorsque les moyens familiaux sont faibles, allouer cet argent à autre chose, à l'alimentation ou au transport par exemple. Collectivement, c'est inefficace, car on a besoin de gens qui savent lire, écrire, compter et si possible davantage. Cela justifie de ne pas laisser faire le marché tout seul sur le terrain de l'éducation.

Soutien scolaire dans une école primaire, Toulouse (France, 2011).

La question est plus débattue pour l'enseignement supérieur. On peut penser que des universités payantes assorties d'un système de bourses et de crédits étudiants plus développé permettraient de progresser à la fois sur le registre de l'efficacité et sur celui de l'équité (la gratuité de l'université bénéficiant essentiellement aux enfants de milieux favorisés – ceux qui peuplent majoritairement les universités).
Un autre secteur nécessitant l'intervention publique est celui de l'assurance santé. Peut-on laisser les gens libres de s'assurer ou de ne pas s'assurer ? Si on les laisse libres, il y a de fortes chances qu'ils ne s'assurent pas.

Ne le voit-on pas déjà avec les mutuelles ?

Si on laisse totalement faire le marché, les assureurs vont sélectionner les meilleurs risques et leur proposer des services pas chers, comme dans l'automobile. Quand on est un bon conducteur, on bénéficie d'une assurance bon marché ; quand on est mauvais, on paie cher. Mais la différence avec l'automobile, c'est qu'on ne choisit pas d'être en bonne ou en mauvaise santé ! C'est la raison pour laquelle on ne peut pas laisser faire le marché, ou alors il faudrait vraiment contraindre les assureurs afin de ne pas créer de ségrégation. Par ailleurs, l'obligation d'assurance permet de faire contribuer tout le monde à des soins que la société ne pourra refuser à quiconque, le moment venu. L'universalité de cette assurance permet aux individus les mieux lotis (en termes de revenus et de santé) de « subventionner » les moins chanceux.

Comment justifier l'intervention de l'État dans le secteur des transports ?

Le secteur des transports, comme toutes les activités de réseaux (télécommunications, adduction d'eau, électricité), pose des problèmes de concurrence en raison de l'importance des coûts fixes. Pour offrir un service de transport ferroviaire, il faut disposer d'un réseau ferré dense et bien entretenu. Il ne serait pas optimal en France de créer de toutes pièces un second réseau ferré. Ce type de situation est appelé « monopole naturel » car, compte tenu des coûts fixes, il vaut mieux avoir une seule entreprise de transport ferroviaire. Cependant, si la SNCF est seule sur son réseau, elle va avoir tendance à pratiquer des prix élevés, et le trafic sera inférieur à ce qui serait optimal pour la société. L'État peut alors intervenir de différentes manières : en nationalisant les monopoles naturels de manière à contrôler leur tarification (ce qui, en pratique, est difficile, car l'État ne connaît pas le détail des coûts de l'entreprise), en séparant l'infrastructure (Réseau ferré de France) de l'exploitation (SNCF) et en ouvrant cette dernière à la concurrence, tout en régulant celle-ci pour éviter les ententes, en procédant régulièrement à des appels d'offres pour l'attribution du réseau.
L'ouverture du marché des télécommunications à la concurrence illustre à quel point la concurrence peut faire baisser les prix et accroître l'activité. Rappelez-vous l'époque où France Télécom détenait le monopole des télécommunications ! Ces effets de concurrence sont souvent sous-estimés par l'opinion publique française.

Lorsqu'on fait le choix de produire hors marché, comment faire en sorte que la production se fasse de manière efficace ?

C'est une question clé, car un secteur public inefficace engendre des coûts trop élevés, et donc un surcroît d'impôts qui nuit à la prospérité du secteur privé. Prenons le secteur de la santé : comment faire en sorte que les individus aillent chez le médecin quand ils en ont besoin, mais ne s'y rendent pas quand ils n'en ont pas besoin ? Sur un marché, c'est évident : on achète du pain quand on en a besoin, mais on n'en achète pas quand on n'en a pas besoin. L'École d'économie de Toulouse a beaucoup travaillé sur ces questions d'incitations. Si l'on reste sur le cas de la santé, on va chercher à combiner les franchises, les plafonds, le reste à charge pour l'assuré, de manière à éviter les phénomènes de renoncement aux soins sans générer de surconsommation. Les incitations concernent aussi les médecins et l'hôpital.

LA RÉGULATION

Qui doit réguler ?

Lorsqu'il y a un risque important que les entreprises du secteur *capturent* le régulateur (c'est-à-dire exercent un lobbying intense pour faire valoir leurs intérêts propres), lorsque le sujet est technique et qu'il n'implique pas de favoriser certaines catégories de population au détriment d'autres, alors il est intéressant de confier la régulation à une autorité indépendante. Les cas emblématiques sont la finance et la sûreté nucléaire. Dans d'autres cas comme la santé, il est nécessaire de laisser le politique procéder aux choix qui vont avoir un impact important sur les inégalités.

Les incitations peuvent-elles être éthiques ? Peut-on faire appel au sentiment de solidarité ?

Vous touchez un point très délicat : les économistes considèrent, à tort ou à raison, que les gens sont motivés par l'appât du gain, même si, ponctuellement, ils peuvent faire preuve d'altruisme. Si vous déposez un billet de 50 euros sur le trottoir et que quelqu'un le trouve, il a trois réactions possibles : le mettre dans sa poche, le confier à la police ou le donner à une bonne œuvre. L'économiste considère que, dans la majorité des cas, le passant va le mettre dans sa poche. L'économie se limite le plus souvent (mais pas uniquement) à l'échange marchand, chacun essayant de maximiser son bien-être personnel ou celui de sa famille.

Mais il existe tout de même des échanges gratuits ?

Heureusement. Mais il y a aussi des pays où le don d'organe est payant... Au niveau individuel, la santé n'a pas de prix, et un médecin mettra tout en œuvre pour soigner son patient. Au niveau collectif, c'est autre chose. Le rôle du ministère de la Santé est de mettre un prix sur différents traitements, de manière à allouer le mieux possible les deniers publics. Il faut alors comparer le coût des traitements à la « valeur » des vies sauvées. Affirmer que la santé n'a pas de prix conduit à des choix irrationnels, comme par exemple celui d'allouer des moyens considérables à une maladie grave mais rare, tandis que les moyens se verraient réduits pour traiter une maladie peu médiatique mais plus répandue et causant au total davantage de morts.

Comment contrôler le marché mondial ? Est-ce quelque chose qui nous dépasse ?

Il y a des tentatives de régulation au niveau mondial : le G20, le Comité de Bâle, le Bureau international du travail (BIT), l'Organisation mondiale du commerce (OMC). Si un pays s'estime victime d'un *dumping* d'un autre pays, il peut se plaindre auprès de l'OMC. On saisit cet organisme en disant que les règles internationales ne sont pas respectées : une industrie a été indûment subventionnée, ou bien des barrières douanières ont été érigées pour empêcher ou réduire les importations. Après instruction du dossier, l'organisme de règlement des différends de l'OMC peut imposer de lourdes amendes. La menace est réelle et explique peut-être pourquoi le repli protectionniste des États a été bien moindre lors de la crise de 2008 qu'en 1929.

Il n'existe pas d'équivalent de l'OMC dans le domaine de la finance. Le G20, le Conseil de stabilité financière et, pour les banques, le Comité de Bâle tentent de coordonner les régulations au niveau international. Mais la mise en œuvre des régulations financières reste une décision nationale (ou européenne, pour les 27 pays de l'Union européenne). Il en résulte une sorte de concurrence réglementaire, chaque région cherchant à pousser son industrie de la finance en limitant les contraintes réglementaires qui lui sont imposées.

Les présidents du BRICS (organisation regroupant cinq puissances émergentes : Brésil, Russie, Inde, Chine et Afrique du Sud), lors du sommet du G20 au Mexique, juin 2012. De gauche à droite : Dilma Roussef (Brésil), Vladimir Putin (Russie), Manmohan Singh (Inde), Hu Jintao (Chine) et Jacob Zuma (Afrique du Sud).

Peut-on encore plaider pour le marché ?

Le marché ne peut pas tout. Néanmoins, avant toute intervention publique, il faut être bien au clair sur la raison pour laquelle on ne peut laisser faire le marché. Une fois l'intervention publique justifiée par une défaillance du marché ou par un argument d'équité, il faut se demander comment faire pour que les personnes et les institutions du secteur public soient incitées à agir dans le sens de l'efficacité et du bien-être social. S'il ne faut pas être naïf sur les vertus du marché, il ne faut pas non plus l'être sur les vertus de l'action publique : en face des défaillances du marché, il existe bel et bien des défaillances de l'action publique. L'efficacité de l'action publique peut se trouver réduite par l'absence de concurrence, par le manque d'information, par l'action de groupes de pression, ou encore par les intérêts propres de l'administration ou du corps politique.

La croissance

Entretien avec **Philippe Askenazy**, mené par Bertrand Roudaut

Philippe Askenazy est directeur de recherche au CNRS/
École d'économie de Paris et directeur adjoint du Centre
pour la recherche économique et ses applications (CEPREMAP).
Bertrand Roudaut est professeur d'économie et gestion en STS CGO
au lycée Cassin à Arpajon.

Dépliants
LES SOURCES DE LA CROISSANCE
LE CYCLE DE L'INNOVATION

5

LES SOURCES DE LA CROISSANCE

On parle de croissance lorsqu'une économie produit des biens et services en quantité toujours plus grande. Quels sont les moteurs de la croissance économique d'un pays ? D'une part, il y a les heures de travail effectuées par tous ceux qui ont un emploi et, d'autre part, les équipements qu'ils utilisent pour produire (outils, machines, locaux, logiciels...). Plus ces facteurs sont nombreux, plus le produit intérieur brut (PIB) potentiel est élevé. Mais ce n'est pas tout. Le PIB croît surtout par la combinaison plus efficace de ces facteurs :

– meilleure organisation, nouvelles machines ;
– travailleurs mieux formés, etc.

Le PIB correspond à la valeur de tous les biens et services produits sur le territoire national pendant une période donnée. Il augmente avec les quantités produites, mais aussi avec la hausse des prix. L'économiste qui évalue la croissance s'intéresse surtout aux quantités produites : si la valeur du PIB croît de 4 %, mais que les prix ont augmenté de 2 %, la croissance mesurée sera de 2 % seulement !

FACT
DE CRO
«EXTE

Travailleurs

L'augmentation du nombre d'heures travaillées est un élément essentiel pour la croissance à long terme d'un pays. Elle dépend de facteurs démographiques (nombre de naissances, flux migratoires, etc.), mais aussi de la durée du travail, de l'âge de départ à la retraite ou des périodes de chômage.

EURS
SSANCE
NSIVE »

Équipements et locaux de travail

Les machines, les usines, les bureaux, par exemple, forment ce que les économistes appellent le stock de « capital ». Son augmentation joue un rôle moteur sur la croissance, car les travailleurs peuvent, grâce à lui, produire plus de biens et de services.

Éducation

Un niveau d'éducation élevé améliore l'efficacité des travailleurs et leur facilité d'adaptation aux évolutions de leur environnement professionnel. Favoriser la formation, c'est-à-dire le « capital humain », c'est renforcer l'impact du travail sur la croissance.

6

LE CYCLE DE L'INNOVATION

La croissance est liée à un ensemble de facteurs : capitaux investis, travail, progrès technique.
Ce processus peut aussi être décrit comme une « destruction créatrice », au fur et à mesure que des innovations font apparaître certaines activités et en disparaître d'autres.
La courbe de vie d'un produit représente l'évolution de ses ventes au cours de quatre phases successives : lancement, croissance, maturité, déclin.
Une innovation en chasse une autre et chaque produit nouveau suit le même cycle, comme l'illustre l'exemple des supports de musique enregistrée, du disque vinyle à la mémoire flash, en passant par la cassette audio et le disque compact.

CROISSANCE, DÉVELOPPEMENT ET PRODUCTIVITÉ

Comment définir la notion de croissance ?

C'est une vaste question : aujourd'hui, la notion de croissance est liée à celle du PIB, défini comme étant de la richesse (que l'on peut quantifier en termes d'euros, de dollars) produite tous les ans dans un pays. La croissance est l'augmentation de cette création annuelle de richesses. Ces indicateurs sont d'autant plus essentiels dans les décisions publiques qu'ils sont facilement quantifiables. Les comptes de production exprimés en monnaie (euro, dollar) répertorient les revenus de la production et les achats de services ou de biens des producteurs : la différence entre les deux est la richesse supplémentaire ou valeur ajoutée produite dans l'année.

?

Le produit intérieur brut est l'agrégat représentant le résultat final de l'activité de production des unités productrices résidentes.

On s'intéresse à cet indicateur pour des raisons fondamentales : la croissance peut à la fois expliquer une stabilité sur le marché du travail (des créations d'emploi), un enrichissement global de la population, et jouer sur des éléments comme le bien-être (le bonheur, par exemple) et de très nombreux facteurs économiques, non économiques et sociaux. Cette focalisation sur la question de croissance n'est pas totalement artificielle, elle correspond à une réalité vécue. En période de croissance économique, un pays bénéficie globalement, dans sa réalité sociale et dans son ressenti, d'une situation meilleure que dans une phase de récession.

Quels sont les facteurs de croissance ?

D'un point de vue comptable, la croissance résulte d'un surcroît d'investissement des entreprises ou d'un surcroît de consommation des ménages. Mais cela ne signifie pas qu'il y ait une causalité économique : croissance et créations de richesses améliorent les capacités d'investissements et de consommation, car les revenus sont plus importants. Les économistes ont plutôt tendance à analyser les facteurs déterminants de croissance. Toutes les écoles économiques se retrouvent pour identifier quatre grands facteurs : la démographie, qui constitue une force de travail, le capital physique (machines, bâtiments...), le capital humain (éducation, formation, expérience) et le progrès technologique dans un sens très large (en termes de matériel, d'équipements utilisés, mais aussi d'organisation ou d'intensification du travail). Les deux premiers facteurs participent à une croissance « extensive », et les deux autres à une croissance « intensive ». L'augmentation de ces quatre facteurs, liés entre eux, permet de créer plus de richesses et participe à la croissance économique.

?

Croissance extensive : hausse de la production qui s'appuie principalement sur l'utilisation d'une plus grande quantité de facteurs de production (comme l'utilisation d'une main-d'œuvre immigrée).

Y a-t-il des facteurs de croissance plus puissants que d'autres ?

Sur le long terme, les à-coups que l'on peut connaître sur la croissance moyenne par décennie ne sont pas dus au facteur travail ou au facteur capital (l'un et l'autre ont tendance à augmenter de manière relativement constante dans le temps) mais au résidu, ce progrès technologique, qui parfois s'accélère, parfois hoquette et se traduit par une situation plus déprimée sur certaines décennies en termes de croissance. Sur le court terme, des phénomènes de cycles, marqués par des récessions, apparaissent. Ils sont liés à une accumulation de dysfonctionnements engendrant des déséquilibres dans les économies de marchés capitalistes. Les récessions sont en général suivies de phases de rebond assurées par les firmes survivantes, plus solides ou innovantes. Mais une récession peut résulter d'une phase où le progrès technologique ne se traduit pas par une plus grande richesse ; dans ce cas, la sortie de crise est longue. La « grande récession » que nous connaissons aujourd'hui est-elle l'illustration d'un tel phénomène, profond, ou bien d'un déséquilibre passager ? Nos économies sont-elles devenues incapables de transformer le progrès technologique en création d'un surcroît de richesses ? La crise actuelle pourrait en effet être révélatrice d'un phénomène sous-jacent plus inquiétant...

?

Croissance intensive : hausse de la production qui s'appuie principalement sur l'accroissement de l'efficacité productive plutôt que sur l'utilisation d'une plus grande quantité de facteurs de production.

?

Cette expression, qui désigne la crise actuelle, fait référence à la Grande Dépression des années 1930.

Quelle différence faites-vous entre croissance et développement ?

La croissance, c'est la création de richesses ; le développement englobe toute une série de facteurs sociétaux : l'accès à l'éducation, à la santé, à un certain confort de vie (l'eau, l'électricité, aujourd'hui les technologies de l'information et la communication, Internet, etc.). Il existe des indices de développement humain (IDH) qu'on cherche à quantifier, comme le taux d'alphabétisation ou de mortalité infantile. Le développement diffère de la croissance, même si, empiriquement, elle est pour lui une condition quasi nécessaire. Nécessaire mais pas suffisante, la croissance pouvant se traduire par une situation profondément inégalitaire. La croissance, lorsqu'elle est suffisamment bien répartie, et si les États sont en capacité de lever des impôts, apporte les moyens de déployer toute une série de services publics. Elle apporte aussi, pour les individus, un moyen de pouvoir financer les études de leurs enfants, d'accéder à la santé et à une série d'éléments de consommation ou d'investissements des foyers qui améliorent le développement des personnes. La notion de développement est, en quelque sorte, plus qualitative que quantitative.

Qu'est-ce que la productivité ? Comment est-elle liée à la croissance ?

Plusieurs définitions sont possibles. La plus simple concerne la productivité du travail : on divise le PIB par le nombre de travailleurs ou le nombre d'heures travaillées. Sur le long terme, cela revient au même, car le temps de travail décline historiquement de manière faible dans l'ensemble des pays. Les gains de productivité sont une autre manière de regarder la croissance. Pourquoi se focaliser sur la productivité ? Plutôt que de regarder des chiffres macroéconomiques (le niveau de chômage, le niveau d'inflation, le niveau de croissance), on observe l'entreprise ou l'administration. On essaie de réfléchir à ce qui se passe dans les lieux où est produite la richesse et de comprendre pourquoi la croissance peut être favorable à l'emploi. Une augmentation de la productivité peut être appréhendée de deux manières : si le fait de produire plus avec moins de travailleurs risque de mettre en danger l'emploi sur le court terme, cela permet aussi à l'entreprise de verser des salaires supérieurs. Un gain de productivité permet de distribuer immédiatement des richesses aux travailleurs, qui se transforment eux-mêmes en consommateurs et alimentent l'économie de marché.

Pourquoi les pays recherchent-ils tous à augmenter leur croissance économique ? Quels sont les pays où la croissance est la plus forte ?

La croissance est l'un des moyens qui permet d'améliorer la situation sociale et matérielle de la population. L'ensemble des schémas de protection sociale des grandes économies de l'OCDE ne sont réalisables qu'avec un surcroît de croissance économique. Les pensions en sont un exemple typique : nos régimes de retraite ne seront soutenables en transition démographique de vieillissement de la population que si, dans trente ans, la richesse produite par actif est largement supérieure à celle d'aujourd'hui. C'est aussi vrai pour des besoins comme la dépendance, la santé, etc., toute une série de besoins sociaux qui restent, même aux États-Unis et dans les pays les plus libéraux, très largement financés par les pouvoirs publics. L'État lui-même a besoin, pour ses finances et pour ses finances sociales, d'un surcroît de création de richesses ; c'est une condition nécessaire pour la survie de nos États sociaux.

? Organisation de coopération et de développement économique.

La crise économique actuelle peut-elle être résumée à une chute de la croissance ?

Plutôt que de « crise », je préfère parler de « grande récession », car celle-ci concerne une majorité de pays au niveau mondial, et, pour certains, sur une période prolongée. En Grande-Bretagne par exemple, elle est plus durable qu'en 1929 : si, en 1933, le PIB britannique était repassé au-dessus de sa valeur de 1929, en 2013, il est toujours en deçà de celui de 2008… Les crises précédentes, comme celle de 1992-1993, étaient plutôt liées à des déséquilibres accumulés et relativement mineurs qui ont engendré une croissance négative pendant deux ou trois trimestres, suivie d'un retour à une croissance positive. Ces crises permettaient des effets de nettoyage, appelés *« cleansing effects »*, effaçant certains déséquilibres, fermant les entreprises les moins performantes, etc. Une crise est souvent un moment de purge qui ouvre sur un rebond économique. La situation actuelle est différente : aucune sortie, aucune perspective de croissance économique ne semble en vue. Les seules économies qui connaissent une croissance sont celles en transition, comme l'Inde ou la Chine. Dans ces pays, la croissance doit être assurée sur le long terme et à des niveaux élevés pour modérer la frustration sociale face à la montée des inégalités.

La période des Trente Glorieuses est le symbole d'une croissance forte, régulière, créatrice d'emplois. Pourquoi ne pas utiliser les mêmes recettes pour sortir de cette « grande récession » ?

En ce qui concerne l'Europe, l'essentiel de la croissance de cette période était lié à un phénomène de transition. La richesse par habitant pour la France, au lendemain de la Seconde Guerre mondiale, ne représentait que 40 % de la richesse par habitant produite aux États-Unis. Cette période de croissance exceptionnelle était une sorte de rattrapage nécessaire. Les mêmes recettes ne peuvent être utilisées, car le point de départ diffère : l'écart entre notre économie et celle des États-Unis est stable. À l'époque, pour entreprendre un rattrapage rapide dans le domaine de l'éducation, il fallait investir majoritairement dans le secondaire, parce qu'il fallait des ouvriers pour le bâtiment et l'industrie, des employés... Cela était possible parce qu'on avait besoin de main-d'œuvre de manière immédiate. Dans les années 1970-1980, la nouvelle révolution industrielle était aussi basée sur des besoins de main-d'œuvre, mais plutôt de qualification tertiaire cette fois-ci, laquelle n'était pas disponible en France ni, plus généralement, en Europe. Cela venait du fait que, par un phénomène d'héritage culturel et social, les parents d'éducation secondaire n'avaient pas orienté leurs enfants vers le tertiaire. Il a fallu attendre les petits-enfants du baby-boom pour répondre à la demande. Le manque de main-d'œuvre a été une conséquence de la stratégie menée pour aboutir aux Trente Glorieuses, qui n'anticipait pas les besoins d'une nouvelle révolution industrielle. Je pense qu'il ne faut surtout pas appliquer aujourd'hui les recettes des Trente Glorieuses, mais essayer plutôt d'imaginer ce que peuvent être les nouveaux horizons de croissance. On le constate bien dans cette période de « grande récession » : le modèle de croissance que l'on a aujourd'hui ne sera certainement pas celui de demain. Et, pour rénover l'éducation, il vaut mieux se demander quels seront les besoins de la décennie suivante.

LES THÉORIES DE LA CROISSANCE

Que sont les théories de la « croissance endogène » ? Qu'apportent-elles de nouveau par rapport aux théories traditionnelles ?

Ces théories datent de la fin des années 1980 et du début des années 1990. Elles s'intéressaient au progrès technologique : d'où vient-il ? Qu'est-ce qui le génère ? Comment se traduit-il en termes d'innovation et de croissance ? Ces théories réfléchissaient à l'investissement en recherche et développement des entreprises ou à l'accumulation de capital humain par les personnes (choix d'éducation). Si l'État favorisait le développement d'un secteur, dans les années 1970-1980, il facilitait alors les projets tournés vers l'innovation et la création d'idées. Ces nouvelles théories de la croissance ont apporté un renouvellement, dans la science économique, mais aussi dans la conduite de la décision publique, politique, voire également dans la façon dont agissent les acteurs privés. Les acteurs financiers observent également les stratégies d'innovation des entreprises, autant que les stratégies de marketing, d'implantation de marchés ou autres. D'une manière assez paradoxale, on en est peut-être au zénith de ces théories. Aujourd'hui, le discours tourne autour de la nécessité de réformes structurelles pour le marché du travail, du choix de l'austérité ou non. Je crois que, dans un monde sans croissance, cette idée de croissance endogène devient un peu secondaire.

?

Croissance endogène : croissance qui résulte de décisions microéconomiques des agents (individus, entreprises).

L'État a-t-il les moyens d'agir sur la croissance économique d'un pays ? Les plans de relance en Europe et aux États-Unis ont-ils fonctionné ?

Bien sûr, les États ont une capacité de jouer sur la croissance. Les politiques de relance ont été extrêmement limitées dans les pays européens et très vite suivies par des politiques d'austérité qui, par capillarité, ont entraîné l'ensemble de l'Europe

?

Stabilisateurs automatiques : mécanismes structurels qui permettent de maintenir le niveau de revenu des individus ou les marges des entreprises.

dans une situation de récession. Trop peu de pays européens ont mis en place des politiques de relance ou joué leurs stabilisateurs automatiques. Et, quand cela a été le cas (comme la prime à l'achat et quelques dispositifs fiscaux en France), ces dispositifs ont fait long feu face au tsunami de politiques d'austérité de grands pays européens comme l'Espagne ou l'Italie. Le cas des États-Unis est plus intéressant : leur politique de relance permet de maintenir à flot leur croissance économique. La banque centrale américaine s'est fixé comme objectif prioritaire un retour au plein emploi, avec *a minima* une retombée du taux de chômage à 6,5 %. Aux États-Unis, priorité absolue a été donnée à la croissance et désormais à l'emploi, la première n'étant qu'un facteur de redynamisation du second. Les soubresauts qu'on connaît sur les négociations entre républicains et démocrates ne doivent pas cacher l'essentiel : une acceptation globale aux États-Unis des déficits majeurs. L'absence d'augmentation des impôts sur les classes moyennes pérennise la modernisation de grands secteurs de production de biens de consommation ou de services aux particuliers. Le secteur de l'automobile a été sauvé, et son sauvetage, sa transformation, sa modernisation ont été favorisés par le soutien de la consommation. D'autre part, les déficits financent des facteurs qui permettront de retrouver une croissance économique stable. L'État fédéral compense ainsi les coupes des États américains concernant l'éducation ; la réforme de la santé doit aussi s'interpréter comme un moyen d'assurer le financement de l'extension du secteur de la santé aux États-Unis. La stratégie américaine est très claire : on essaie de reconstruire les bases d'une croissance pérenne, et l'ajustement budgétaire se fera une fois qu'on aura retrouvé la croissance, et non l'inverse.

On a dit que la relative bonne croissance de la France en 2009 était due aux stabilisateurs automatiques. Que doit-elle faire pour s'en sortir aujourd'hui ?

Je pense qu'il ne faut pas trop magnifier les stabilisateurs automatiques. Dans les autres pays européens, il y a aussi des schémas de protection sociale ; en Grande-Bretagne par exemple, la redistribution sociale vis-à-vis des familles est bien plus généreuse qu'en France. La relative résistance de la France n'est pas particulièrement liée à ses stabilisateurs automatiques. Elle a été moins touchée que d'autres pays du fait de sa structure économique. Notre bulle immobilière n'a pas explosé, comme en Espagne, et notre économie ne dépend pas de ses exportations comme l'Allemagne, qui a connu une contraction de l'ordre de 20 % à 30 % du commerce mondial en 2009. D'autre part, notre secteur financier étant moins puissant que celui de la Grande-Bretagne, il a d'autant moins souffert du choc de la finance et de la faillite des banques. Une fois ces différentes vagues de récessions passées chez nos voisins, on se retrouve face à la chape européenne d'austérité. Or la France ne peut rien faire tant qu'elle est dans ce bateau. La seule voie de sortie française est d'affronter directement l'Allemagne, seul pays européen à bloquer sur les changements politiques, et de permettre aux agents économiques de porter un espoir de création de richesse supplémentaire et de croissance. Je pense que la France devrait tenter de faire une coalition politique avec l'Italie et l'Espagne pour faire plier l'Allemagne à la majorité européenne.

CROISSANCE OU RÉCESSION ?

Pourquoi le surendettement des pays est-il combattu par tous les gouvernements en place ?

Cette crise des *subprimes* a entraîné une crise bancaire, puis une crise économique, sociale et politique. La question de l'importante dette des pays (États-Unis, Japon, pays de l'Union européenne) est aujourd'hui au cœur des réflexions, mais les réponses politiques diffèrent. Le nouveau gouvernement japonais vient de demander à sa banque centrale de monétiser une part de la dette nationale. Une inflation supplémentaire est tolérée pour réduire le poids de la dette publique. L'austérité est désormais cantonnée à l'Europe, zone euro et hors zone euro (car on peut inclure la Grande-Bretagne, qui est d'ailleurs entrée de nouveau en récession à la fin de 2012). Les historiens

?

Surendettement : situation d'un agent économique dont les revenus ne permettent plus d'assurer le remboursement de sa dette (le capital auquel s'ajoutent les intérêts).

expliqueront un jour pourquoi on est arrivé à cette situation d'impasse. Je pense que s'amorce un changement radical de politique : si les États-Unis retrouvent une forte croissance économique, la purge sur la dette publique en Europe sera impossible à justifier. D'autant que rien ne prouve que les dettes sont insoutenables. L'Italie a certes une dette publique supérieure à 100 % de son PIB depuis vingt ans, mais associée à un excédent primaire (avant de payer l'intérêt de sa dette, l'Italie est en excédent budgétaire). Sans spéculation des marchés financiers, il n'y a pas d'insoutenabilité de la dette italienne, ni de la dette française ou allemande. De fait, on a créé partiellement les conditions de cette insoutenabilité en mettant le destin des États dans la main des marchés financiers.

Pouvez-vous définir la notion de « soutenabilité » ?

D'un point de vue strictement économique, une dette est soutenable si un État peut payer les intérêts de sa dette et faire en sorte que le ratio entre la dette et la richesse créée annuellement soit stable. La seule chose qui le fait diverger est un accroissement de la charge de la dette. L'Italie avait un niveau d'endettement parfaitement soutenable, car elle dégageait des excédents publics qui permettaient de payer les intérêts de cette dette. La dette est soutenable au Japon, car le déficit public permanent est uniquement tenu par des fonds de pension japonais : ce que l'État reverse comme intérêts va directement dans la machine vers les assurances et les pensions. Il y a insoutenabilité quand les niveaux de paiements d'intérêts de la dette sont largement au-delà de l'excédent primaire qu'est capable de dégager un État, impliquant une augmentation continue du ratio « dette sur PIB ».

En quoi les marchés financiers ont-ils contribué à la « grande récession » ? N'ont-ils pas permis, par le passé, de générer de la croissance ?

Il n'y a pas de consensus aujourd'hui au sein des économistes sur l'interprétation de la « grande récession » et de ses facteurs.

Pour ma part, je pense que cette vision des années 1990, où l'on affirmait que la croissance économique était tirée par l'innovation, s'est essoufflée dans les années 2000. On a alors cherché un relais de croissance à travers une dérégulation encore plus poussée de l'ensemble des marchés financiers, acteurs de création de richesses (les *subprimes* en sont une belle illustration). Par effet de domino, la richesse joue sur la consommation : vous sentant de plus en plus riche, vous consommez de plus en plus, même si vous vous endettez de plus en plus. Une consommation basée sur l'endettement des individus crée plus de marchés pour les entreprises et crée de la croissance économique à court terme. L'une des interprétations de cette « grande récession » est que l'on paie une croissance artificielle sur la période 2000-2008, dont les outils financiers étaient les moteurs. Les déclarations des grands banquiers centraux au début des années 2000 corroborent cette hypothèse : ils affirmaient qu'il fallait une liquidité très large pour le développement de toutes sortes d'outils financiers et de l'endettement qui entraînait la croissance.

Un trader sur le marché à terme de Chicago (États-Unis, 2012).

Se pose aujourd'hui la question de la re-régulation des marchés financiers. Quitte à avoir une réflexion sur la croissance économique, je suis partisan d'essayer, le plus possible, de se séparer de ces marchés financiers, de les laisser dans leur économie « casino ». Créer de grandes banques d'investissement public au niveau européen, notamment, permettrait de sortir de nos schémas actuels. Dans des pays comme la France ou l'Italie, il y a une épargne des ménages considérable qui pourrait tout à fait être drainée par des banques publiques d'investissement plutôt que vers des acteurs intermédiaires purement spéculatifs ou financiers.

Le capitalisme peut-il se détruire pour mieux se reconstruire en corrigeant ses imperfections ?

Personnellement, je ne crois pas à la mort du capitalisme à court comme à long terme. En revanche, on assiste à la progression d'éléments alternatifs au sein des économies capitalistes de marché, mais aussi à une forme de retour de l'État comme élément régulateur de la concurrence, des marchés du travail.

S'il y a un mouvement correctif, ce sera plutôt un changement progressif de la logique financière pour privilégier une vision à plus long terme qui s'imposerait au niveau de l'ensemble des acteurs et notamment au niveau des entreprises. Ce type d'évolution pourrait sauver le capitalisme. En Europe, de nouvelles structures entrepreneuriales émergent, comme les Scop, qui ne remettent en cause ni le capitalisme ni l'économie de marché. C'est une autre manière de concevoir l'entreprise, qui permet de se projeter à plus long terme, les profits n'étant pas distribués de manière immédiate, mais réinvestis.

DES PISTES POUR RENOUER AVEC LA CROISSANCE

Quelles sont vos idées sur la logique à suivre pour avoir une croissance économique plus importante, plus stable ?

Selon moi, cette « grande récession » est potentiellement la marque de fin d'une révolution industrielle tournant autour des technologies de l'information et de la communication. Cela ne signifie pas qu'il n'y aura plus de progrès : il faut imaginer ce que peuvent être les futures révolutions industrielles, le politique doit définir ce que peut être l'avenir. Deux pistes vont nécessairement se présenter devant nous : la question de la transition écologique et celle de la santé humaine. Les gouvernants et les acteurs privés vont-ils s'en saisir pour transformer ces contraintes en facteurs de révolution industrielle ? Il faut se poser la question le plus tôt possible et se plonger rapidement dans une nouvelle révolution.

Vous avez prôné l'idée, pour la France, d'investir dans la santé.

Les scientifiques s'attendent à des révolutions technologiques décisives dans les décennies qui viennent, dans les traitements mais aussi dans l'imagerie médicale. On sait que des progrès majeurs vont arriver, ils auront un coût mais seront aussi un facteur de création de richesse. L'une des premières richesses est de pouvoir vivre plus longtemps et en meilleure santé ; on renoue avec les questions de développement et de PIB. Nous ne sommes plus dans un cadre de croissance endogène où les acteurs créent eux-mêmes leur croissance, mais dans une stratégie portée par l'État. C'est une opportunité pour la France, ou l'Europe plus globalement.

Centre de recherche de la société Thales sur le campus de l'École polytechnique à Palaiseau (France, 2008).

De la même manière, pour la transition écologique, on peut tout à fait imaginer qu'il y ait un segment de renouvellement de nos modes de production, porteurs d'un environnement meilleur mais aussi de croissance économique et de développements humains nouveaux. La croissance ne doit pas être un objectif en soi, mais doit permettre de trouver des horizons de progrès et d'emplois.

La croissance joue-t-elle obligatoirement contre l'environnement ?

Tout dépend de la manière dont on construit la croissance économique. En soi, le focus exclusif sur la croissance peut éliminer d'autres objectifs sociaux ou environnementaux. Aujourd'hui, la croissance telle qu'on la connaît, notamment dans les pays émergents, est antithétique à la question du réchauffement climatique, mais il faut mettre en place une réflexion plus large. Quantitatif et qualitatif ne sont pas contradictoires. Rien n'empêche d'avoir comme objectif de croissance la préservation de l'environnement. Tout dépend de la valeur monétaire qu'on va lui donner : si l'on valorise économiquement les parcs nationaux, par exemple, cela créera mécaniquement de la croissance puisque il s'agit d'une addition de biens et de services produits. Aujourd'hui, une catastrophe naturelle crée de la croissance, car la reconstruction est prise en compte, mais pas les destructions !

La croissance augmente la richesse créée, mais réduit-elle les inégalités pour autant ?

Il n'existe pas de corrélation entre inégalités et croissance. J'aurais tendance à renverser votre question. Nous sortons d'un positionnement idéologique qui s'était imposé au début des années 1980 et qui disait que les inégalités étaient porteuses de croissance économique : c'est la théorie du ruissellement. Le ruissellement des très riches sur l'ensemble de l'économie favorise la croissance, il faut des inégalités pour que ceux qui sont en bas aient envie de monter. Aujourd'hui, ce discours est minoritaire, mais, à l'inverse, la croissance n'est pas pour autant génératrice d'inégalités. La lutte contre les inégalités marque les frontières politiques, mais la croissance, surtout en période de crise, les transcende et s'affirme même comme l'objectif central à travers le monde.

Ouvriers sur le chantier de la 3e plus grande centrale solaire de France, à Ploufragan (France, 2010).

Le travail et l'entreprise

Entretien avec **Philippe Frémeaux**, mené par Pascal Ferry

Philippe Frémeaux est éditorialiste à *Alternatives Économiques* et délégué général de l'Institut pour le développement de l'information économique et sociale (Idies). Son dernier livre paru est *Vingt idées reçues sur les métiers, l'emploi et le travail*, (Les Petits Matins, septembre 2012).
Pascal Ferry est professeur de sciences économiques et sociales.

Dépliants
LES ACTEURS À LA LOUPE
LE TRAVAIL ET L'EMPLOI

7

LES ACTEURS À LA LOUPE

Pour faire fonctionner l'économie d'un pays, il faut de nombreux acteurs. Ils sont interdépendants et prennent tous des décisions : produire, répartir les revenus, les dépenser... Pour mieux étudier leurs relations, on les range en cinq catégories aux fonctions bien distinctes : les ménages, les entreprises, les banques, l'État et les associations. Comme l'économie est mondialisée, il faut aussi étudier leurs liens avec des partenaires situés à l'étranger. D'où une sixième catégorie : « le reste du monde ».

Sources : Insee 2009 et 2012.

Nombre d'entreprises (hors finance)	Nombre de salariés d'entreprises (hors finance)
2 238 522	0
997 093	1 à 9
163 900	10 à 49
25 478	50 à 199
4 734	200 à 499
2 035	500 à 1 999
480	2 000 ou +

Les entreprises regroupent des sociétés et des entrepreneurs individuels engagés dans la production. Leur fonction principale est de concevoir, d'investir, de produire et de vendre des biens et des services autres que financiers. Elles cherchent généralement à ce que le prix de vente de leurs produits dépasse le coût de production pour dégager un profit.

Un ménage regroupe l'ensemble des occupants d'un logement, avec ou sans liens de parenté. Les personnes qui vivent sous le même toit partagent des revenus, des dépenses et s'entraident. Consommation, travail, épargne, éducation : les ménages sont des acteurs essentiels de l'économie.

Homme ou femme vivant seul	33,6 %
Famille : couple et enfant(s)	27,1 %
Couple	25,9 %
Famille monoparentale	8,2 %
Cohabitation sans liens de parenté	5,2 %

700	1 100	60 000
Banques	Sociétés d'assurances et fonds de pension	Autres sociétés financières

Banque centrale

Les banques regroupent les organismes bancaires au sens strict et toutes les sociétés qui participent au financement de l'économie (assurances, fonds de placement, etc.). Lorsqu'elles accordent un prêt, elles créent de la monnaie pour le temps du crédit. La banque centrale empêche la création excessive de monnaie et assure la stabilité des prix.

LES BANQUES

Établissements d'enseignement privé

S ENTREPRISES

LES ASSOCIATIONS

LES MÉNAGES

L'ÉTAT

ÉTAT CENTRAL

ADMINISTRATION PUBLIQUES CENTRALES

LE RESTE DU MONDE

Cette catégorie comprend l'ensemble des acteurs économiques qui entretiennent, depuis l'étranger, des relations avec des acteurs résidant dans un pays. On y trouve des ménages, des entreprises, des banques, des États, des associations localisées à l'étranger, et même les ambassades étrangères installées dans le pays. Les échanges économiques avec l'extérieur sont recensés dans un document appelé « balance des paiements », où figurent, par exemple, les exportations et les importations.

8

LE TRAVAIL ET L'EMPLOI

Le marché du travail est spécifique : ce ne sont pas des biens et services qui s'y échangent, mais du temps de travail et des compétences de personnes. D'où l'existence d'un cadre légal ou conventionnel qui définit, par exemple, le niveau du salaire minimum ou la durée légale du travail. Accéder à l'emploi, dans une société où l'essentiel des actifs sont salariés, c'est à la fois disposer d'un revenu et d'un statut social. Les chômeurs sont donc doublement exclus.

Sources : Insee 2007 et 2011.

LES RELATIONS DE TRAVAIL

J'aimerais attirer l'attention, en préambule, sur un point essentiel : pour la majorité des économistes, l'entreprise est un mystère. Parce qu'ils réduisent l'économie à un ensemble de contrats entre des personnes aux intérêts antagoniques, sans référence au temps. Or, toute entreprise suppose, pour fonctionner, que ceux qui y travaillent coopèrent et coopèrent dans la durée. On comprend donc bien mieux l'entreprise en faisant appel à la sociologie des organisations ou à la socio-économie plutôt que *via* la science économique standard. Même l'entreprise la plus capitaliste qui soit, entièrement au service de ses actionnaires, a besoin de culture d'entreprise pour être efficace. Alors que l'entreprise est au cœur du fonctionnement concret de l'économie, la majorité des économistes s'y intéresse peu et dans des termes qui peinent à rendre compte de son fonctionnement réel. Parce que la science économique dominante voit d'abord la vie économique à travers les échanges, le marché. Or, cette approche est réductrice et peine à expliquer les relations sociales qui se nouent dans les organisations qui produisent biens et services. Mais revenons tout d'abord aux fondamentaux et notamment à la place qu'occupe la liberté d'entreprendre dans les sociétés démocratiques.

Quelle est la place de la libre entreprise dans une société démocratique ?

On oppose bien souvent, dans la définition de la démocratie, les libertés politiques et les libertés économiques, au premier chef desquelles la liberté d'entreprendre. Cette opposition n'a pas lieu d'être : la liberté d'entreprendre est consubstantielle des libertés politiques, car elle concourt à rendre les individus autonomes en leur permettant de gagner leur vie par eux-mêmes, de créer leur propre activité et d'échapper ainsi à la dépendance d'un autre ou de la collectivité, du pouvoir, de l'État. Les sociétés totalitaires interdisent toujours la libre entreprise, soit à tous leurs citoyens, soit à certains d'entre eux, de manière à les placer sous la dépendance absolue du pouvoir. Le problème, dans notre société, est donc moins la liberté d'entreprendre que son inégale répartition : la plupart des créateurs sont soit des personnes qui ont le capital culturel et économique nécéssaire soit des personnes qui n'arrivent pas à s'intégrer dans le salariat ; l'image caricaturale, mais malheureusement fréquente, étant celle du jeune d'origine étrangère qui, en dépit de ses diplômes, ne reçoit aucune réponse à ses candidatures et finit par ouvrir un kebab. La grande majorité des patrons, en France, est constituée de personnes qui avaient d'abord envie d'être « à leur compte », d'être autonomes : le revenu moyen d'un patron de PME en France tourne autour de 5 000 euros, dans un pays où le revenu moyen tourne autour de 1 900 euros. La différence n'est pas colossale.

?

Petites et Moyennes Entreprises.

Une fois l'entreprise créée, comment s'organisent les relations entre employeur et salariés ?

On peut être favorable à la liberté d'entreprendre et constater néanmoins que la démocratie et l'égalité de droits entre citoyens qui la fonde s'arrêtent toujours aux portes des entreprises : le droit du travail constate que le salarié est dans une situation de subordination envers son employeur qui, en contrepartie, a un certain nombre de devoirs de protection à son égard : il est ainsi responsable en cas d'accident du travail depuis la loi d'avril 1998 établissant une présomption de responsabilité de l'employeur. La relation entre le salarié et l'employeur est ainsi reconnue comme asymétrique et s'accompagne de droits et de devoirs, eux-mêmes asymétriques.

Quelle distinction faire entre les managers qui gèrent l'entreprise en pratique et les propriétaires de l'entreprise (souvent des actionnaires) ?

La grande entreprise a pris la forme de société par actions, notamment depuis la seconde moitié du XIXe siècle, quand il a fallu mobiliser un gros volume de capitaux pour financer d'importants investissements. Parallèlement, les savoir-faire mobilisés dans la grande entreprise ne sont pas seulement la juxtaposition des compétences des salariés rassemblés dans la manufacture. Elle suppose de maîtriser des compétences en matière d'organisation du travail sur le plan technique et managérial, de telle manière qu'un groupe de *managers* a progressivement émergé, comme ont pu l'analyser James Burnham ou John Kenneth Galbraith. Mais toute l'évolution récente du capitalisme, dans les grands pays industrialisés, a consisté à mettre les *managers* au seul service des actionnaires, ce qu'on a appelé la *corporate governance*. Avec l'idée que l'entreprise devait d'abord faire des profits, ou accroître son cours de bourse et qu'en gérant toutes les entreprises de cette façon, il en résulterait plus de croissance et plus d'emploi au bénéfice de tous. Cette logique a aussi permis aux *managers* de justifier une forte progression de leurs revenus, théoriquement indexés sur la valeur créée pour l'actionnaire. Ce système joue surtout à la hausse, car bien des dirigeants continuent de se verser des sommes faramineuses quand les entreprises qu'ils dirigent se portent mal.

The Managerial revolution, 1941, traduit sous le titre *L'Ère des organisateurs* (Calmann-Lévy, 1947).

The New Industrial state, paru en 1967, traduit sous le titre *Le Nouvel État industriel* (Gallimard, 1967), introduit la notion de technostructure.

Dans un tel schéma, le patron est considéré comme le fondé de pouvoir des actionnaires et son revenu est au final un faible pourcentage des profits qu'elle dégage comme, par exemple, dans le cas des patrons du CAC 40. Mais si l'on considère au contraire que le patron n'est qu'un *manager* en chef, à la tête d'un vaste collectif, et que la richesse produite par l'entreprise résulte du travail de ce collectif, alors on peut juger que ces revenus sont exorbitants et constituent une insulte à la démocratie, dans la mesure où la tension entre les inégalités de revenus qui naissent dans l'entreprise et la promesse d'égalité que porte la démocratie politique devient démesurée.

La question des inégalités de revenus au sein de l'entreprise revient aujourd'hui au cœur du débat social. Jusqu'aux dernières décennies, et notamment dans les grandes heures du taylorisme, on s'inquiétait d'abord des formes de la division du travail, entre travail de conception et travail d'exécution. *Managers* et ingénieurs maîtrisaient le processus d'ensemble de l'entreprise tandis qu'ouvriers et employés n'en avaient qu'une vision parcellaire, liée à la tâche qui leur était prescrite, sans autonomie, comme a pu l'analyser André Gorz. Les modes d'organisation du travail ont fortement changé et dans nombre d'entreprises on

Notamment dans *Critique de la division du travail* (Éd. du Seuil, 1973).

fait bien plus appel à l'intelligence de chacun, ce qui suppose de laisser plus d'autonomie. Les organisations sont devenues plus horizontales, moins hiérarchiques. L'autorité du chef a laissé la place à la dictature du client. Le travail est ainsi devenu plus intéressant, mais aussi plus générateur de stress. En contrepartie, les inégalités sont désormais plus questionnées.

Ces questions sont-elles débattues au sein de l'entreprise elle-même ?

Ce qui me frappe dans l'entreprise, c'est que toute liberté d'expression s'éteint. Les discours tenus sont toujours convenus, il peut certes y avoir des espaces de débat internes sur la stratégie, mais tout salarié doit porter la parole officielle, *corporate*, de l'entreprise sur elle-même. Beaucoup d'entreprises sont des sortes d'URSS en petit : « Tout va bien, tout est merveilleux et cette année "nous" allons encore dépasser les objectifs du plan quinquennal. »

S'il y a un espace où un discours alternatif peut naître, n'est-ce pas au sein des institutions représentatives du personnel ou à travers les organisations syndicales ?

Une affiche du syndicat français CFDT (Confédération française démocratique du travail) (1976).

Absolument. L'émergence du droit syndical a été un corollaire de celle du droit du travail. Si le contrat de travail qui lie l'employeur à son salarié est asymétrique, il est logique de reconnaître aux salariés le droit de défendre leurs intérêts sous une forme collective puisque l'entreprise associe deux parties prenantes ; d'un côté le capital et de l'autre, le travail. Au-delà des droits sociaux, en termes de prévoyance et de retraite, les salariés disposent, notamment dans les entreprises de plus de 50 salariés, d'un droit d'information et de consultation sur toute une série de décisions à travers les comités d'entreprise. Mais ces droits demeurent insuffisants dans un contexte où, avec la mondialisation, les grandes entreprises sont en permanente restructuration. En pratique, les représentants des salariés sont informés des décisions qui les concernent quand elles sont prises et peinent à les influencer. La discussion porte alors sur les modalités d'exécution du plan social plutôt que sur la construction d'alternatives au schéma de la direction. L'entrée de représentants des salariés au conseil d'administration des grandes entreprises, que prévoit l'accord signé en janvier 2013 par les partenaires sociaux peut contribuer à imposer d'autres logiques, à l'instar de ce que l'on voit en Allemagne.

L'entreprise est-elle un lieu de dialogue ou de conflits ?

Les deux ! Toute entreprise capitaliste – les sociétés coopératives font ici exception – réunit des parties prenantes aux intérêts contradictoires. Le partage de la valeur ajoutée entre le travail et le capital est nécessairement conflictuel et, au sein du travail même, la répartition des revenus entre les différents salariés ne va jamais de soi. Pour autant, l'entreprise est nécessairement aussi un lieu de compromis, car dès lors qu'elle mobilise des capitaux, soit pour acheter des équipements, soit pour assurer le fonds de roulement de l'entreprise, il faut bien que ceux-ci soient rémunérés.
Selon les rapports de force, les périodes historiques, les besoins de l'entreprise, le curseur a pu être placé à différents niveaux. On a également cherché à associer les salariés au résultat de l'entreprise afin de mieux les intégrer à ses objectifs, mais aussi limiter les hausses de salaires directs. Les *stock-options* ou la distribution d'actions gratuites étendues à tous, l'épargne salariale sous forme d'intéressement ou de participation en sont différents exemples. Au-delà de tous ces dispositifs, observons que l'entreprise fonctionne mieux quand les salariés ont le sentiment d'être payés à un niveau qu'ils considèrent comme juste eu égard aux normes du moment, ces normes étant toujours relatives dans le temps et dans l'espace.

Quel est le rapport entre l'entreprise et le territoire ?

Beaucoup d'entreprises n'ont qu'un rapport assez lointain avec le territoire où elles sont implantées. Parce qu'elles s'adressent au marché mondial et parce qu'elles mobilisent, pour produire, des ressources qui viennent aussi de l'ensemble de la planète. Plutôt que de poser la question de savoir ce que doit l'entreprise au territoire, je parlerais plutôt de ce que le territoire lui apporte. Concrètement, des ressources en main d'œuvre de qualité, des infrastructures matérielles et immatérielles qui lui permettent d'exercer son activité (transport-logistique, communications, sécurité juridique, etc.) et un accès aisé aux services nécessaires à son activité (nettoyage, sécurité, cantine, mais aussi audit, publicité, conseil stratégique, ingénierie technique, services informatiques, etc.). Ce n'est pas un hasard si les quartiers généraux des grands groupes s'installent dans des métropoles. Partager les mêmes ressources peut engendrer des cercles vertueux. C'est ainsi que se forment ce que les économistes désignent comme des *clusters*, c'est-à-dire des pôles où s'agrègent des entreprises d'un même secteur sur un territoire donné, à l'instar de la Silicon Valley dans le domaine de l'électronique, où de la Vénétie dans le domaine de la chaussure. Un phénomène cependant plus aisé à constater qu'à reproduire.

Le premier devoir de l'entreprise envers le territoire qui l'accueille est de créer des emplois et de payer des impôts, sachant que c'est au territoire de créer les conditions qui font qu'elle aura envie de rester et de développer son activité. Car, désormais, l'immense majorité des emplois ne sont plus localisés en raison de la proximité des ressources physiques (comme c'était le cas avec la sidérurgie développée historiquement à proximité des mines de fer et de charbon). Les entreprises s'implantent désormais là où vivent les gens, qu'ils soient producteurs ou clients.

ENTREPRISE ET MARCHÉ

L'entreprise doit-elle produire elle-même des biens et des services qui feraient sa spécialité, de A à Z comme un artisan, ou bien les faire faire à d'autres ?

Make or buy, faire ou faire faire, c'est là une question majeure pour toute entreprise. L'idée dominante, au cours des dernières décennies, a été que les entreprises devaient d'abord identifier ce qu'elles faisaient de mieux et confier à d'autres ce qu'elles faisaient moins bien. Ce mouvement s'est accompagné d'une spécialisation croissante des entreprises afin de continuer à multiplier les économies d'échelle, et cela en dépit de la diversification croissante des produits. Une diversité parfois plus apparente que réelle, notamment du fait de l'unification croissante des marchés. Une firme de vêtements comme Zara peut sortir une collection différente tous les quinze jours, mais qui sera la même à Madrid, Paris et Shanghai. Les constructeurs automobiles, eux, développent des stratégies de différenciation retardée, qui consistent à multiplier les modèles utilisant les mêmes plates-formes et assemblés sur les mêmes lignes. On observe des tendances identiques dans de multiples secteurs : ainsi, dans l'agroalimentaire il y a trente ans, les firmes de charcuterie industrielle fabriquaient dans un atelier des saucisses, du jambon, des rillettes, etc. Maintenant les usines sont plus petites, mais elles ne font *que* du jambon ou *que* de la saucisse en continu. Derrière la diversité toujours croissante de l'offre, le mouvement à l'œuvre reste la recherche d'économies d'échelle, de situations aisément automatisables. Enfin, le taylorisme continue de s'étendre à certaines activités tertiaires comme les centres d'appels ou la restauration rapide : le travail prescrit laissant peu d'autonomie et permettant la division des tâches.

La concurrence féroce, due à la mondialisation, provoque-t-elle une élévation du taux de mortalité des entreprises ?

Il est toujours difficile de prévoir ce qui va se passer sur le long terme. Certaines entreprises ont survécu sur le long terme, d'autres non, parce qu'elles occupaient des secteurs déclinants ou obsolètes techniquement. Kodak, par exemple, a périclité non pas faute d'avoir su développer des appareils numériques, mais parce que son cœur de métier était de fabriquer des pellicules. Comme le dit avec raison Joseph Schumpeter, le fait que les entreprises naissent, grandissent et meurent s'inscrit dans la logique des choses.

Notamment dans *Business Cycles*, McGraw-Hill Book Company, 1939.

C'est un mouvement perpétuel de création…

On l'a vu dans certains secteurs caractérisés par un haut niveau d'information technique ou marketing, notamment dans toutes les technologies de l'information et de la communication. Pour autant, les dernières décennies ont plutôt été des années de croissance lente, dans les pays riches, et on peut s'interroger sur la validité stratégique du discours conseillant aux *managers* de se replier sur leur métier de base, de ne produire que ce que leur entreprise est capable de produire avec la plus grande efficacité. Ces discours, qui ont fleuri parallèlement à ceux promouvant la *corporate governance*, ont eu pour principal objectif de dégager les marges permettant de justifier les hauts salaires des *managers* sans relancer pour autant la croissance et l'emploi. Le fait de liquider toutes les activités annexes de l'entreprise pour se replier uniquement sur ce qui est le plus profitable est, au fond, le moyen de maximiser les profits sans avoir d'idées et sans investir. Ce qu'on pourrait attendre d'une entreprise qui gagne de l'argent est qu'elle le distribue à ses actionnaires pour une part, mais aussi qu'elle l'investisse pour développer de nouveaux produits, qui seront générateurs des profits de demain. On considère d'ailleurs en finance que distribuer des dividendes ou investir revient au même : si les investissements augmentent la valeur future de l'entreprise, ce qui ne manquera pas

Chaîne de montage des véhicules Volkswagen *Tiguan* et *Touran*, à Wolfsbourg (Allemagne, 2008).

d'accroître la valeur de ses actions. Or, sur ce plan, le système a marché sur la tête ces dernières années. Nombre d'entreprises ont préféré racheter leurs propres actions – réduire leur propre capital – avec leurs profits, plutôt que d'investir ! Résultat, on a un cœur d'entreprises qui marchent bien, dégagent des profits et, en parallèle, des millions de chômeurs !

La concurrence entre les entreprises est-elle un facteur de bien-être ? Est-ce que cela convient aussi à la société ?

Je crois aux vertus de la concurrence comme aiguillon, il est important que les marchés soient contestables. Pour autant, l'entreprise efficace suppose aussi la coopération. Un monde qui vit dans la guerre permanente de tous contre tous n'est pas non plus un monde optimal. Une situation de plein emploi, comme on a pu la connaître dans les décennies d'après-guerre, est une situation de concurrence où à la fin tout le monde gagne. Par contre, dans la situation où la croissance est faible et le chômage se développe, il y a des gagnants et des perdants et ça devient beaucoup plus violent. La concurrence n'est bonne que si elle s'inscrit dans un cadre macroéconomique qui en limite les effets pervers en assurant soit un niveau d'activité, soit des modes de répartition de l'emploi et des richesses qui en limitent la dynamique inégalitaire.
On peut d'ailleurs se demander si la logique de l'hyperconcurrence est toujours la plus optimale dans les relations entre entreprises. Des logiques de coopération ne peuvent-elles pas s'avérer plus gagnantes ? Quand le donneur d'ordres est prêt à aider sur le plan technologique son sous-traitant, afin qu'il utilise de nouvelles technologies performantes, chacun y gagne. Quand une grande entreprise cherche à développer le tissu d'activités dans son territoire, elle sait aussi qu'elle va attirer de la main d'œuvre et toute une série de ressources qui vont lui profiter au final. On peut être dans des logiques coopératives sur des territoires, y compris entre acteurs dont on pourrait penser qu'ils n'ont pas forcément les mêmes intérêts.
La théorie standard a du mal à le comprendre, car elle pense toujours que le marché va être la forme optimale d'organisation. Mais, en pratique, les gains de productivité se font à

travers des modes coopératifs entre entreprises, par la circulation des hommes et des idées, par le partage de solutions techniques. C'est précisément ce qui fait le succès des *clusters*.

Le bon fonctionnement du marché du travail suppose-t-il de réglementer embauches et licenciements ou faut-il aller vers toujours plus de flexibilité ?

Les entreprises doivent respecter un certain nombre de règles, en matière de salaires et de respect du droit du travail, qui sont autant de garanties pour leurs salariés. Dans le même temps, les entreprises doivent aussi pouvoir adapter leurs effectifs à leur situation économique. Si la demande s'effondre, on ne peut lui imposer de garder tous ses salariés. L'enjeu est d'inventer des solutions qui satisfont le besoin de flexibilité des entreprises sans insécuriser les salariés.
À plus long terme, une des priorités, dans la France d'aujourd'hui, est de réduire l'échec scolaire, afin que chacun puisse entrer dans de bonnes conditions sur le marché du travail. Ensuite, la puissance publique doit assurer un revenu de remplacement et des formations adaptées aux personnes victimes du chômage de manière à éviter l'enfermement de certains dans le chômage de longue durée.

On parle parfois de responsabilité sociale et environnementale de l'entreprise, pouvez-vous la définir ?

La notion de Responsabilité Sociale et Environnementale de l'entreprise – la RSE – est née de la demande adressée aux multinationales opérant dans les pays en développement de respecter un minimum de règles, y compris quand ces pays faisaient du *dumping* social un facteur majeur de compétitivité. L'engagement volontaire des entreprises devait ainsi compenser l'absence ou la faiblesse des lois sociales. L'exigence de RSE a cependant moins de sens dans des pays comme le nôtre où le niveau de normes est élevé. Ce qui est attendu des entreprises est d'abord qu'elles appliquent la loi, qu'elles aient un comportement correct vis-à-vis des syndicalistes, des institutions représentatives du personnel, qu'elles se soucient de la santé au travail de leurs salariés, qu'elles fassent des efforts pour préserver l'environnement.

Les grandes entreprises, et tout particulièrement celles dont les marques sont connues du public, affirment toutes être exemplaires sur ce plan. Mais, comme le dit Geneviève Férone, une spécialiste du sujet, on reste souvent dans la communication et la problématique RSE n'est pas au cœur de la stratégie de l'entreprise. Certaines entreprises ont cependant su en tirer des bénéfices. Le cimentier Lafarge, par exemple, a optimisé ses consommations énergétiques et valorisé ainsi des matières jusque-là mises en décharge. De quoi réduire ses coûts d'une manière vertueuse. En revanche quand Lafarge veut exploiter des bancs de sable en mer, il a plus de mal à obtenir le soutien des écologistes ! Les intérêts de l'entreprise et ceux de la collectivité ne sont pas toujours convergents et c'est là que la RSE trouve ses limites. Il faut aussi que l'État défende l'intérêt général, qui ne peut pas se résumer au choc des intérêts particuliers des différents acteurs sur le marché.

Notamment dans *2030, le krach écologique* (Grasset, 2008).

Le chômage est-il nécessaire au bon fonctionnement du marché du travail en créant une saine émulation entre salariés ?

Réunion d'employés chez Foxconn, sous-traitant de la société Apple à Chengdu dans le Sichuan (Chine, 2011).

Observons tout d'abord que les sociétés où la menace du chômage est inexistante, où l'emploi est garanti, sont aussi des sociétés où le travail devient obligatoire. Si l'ex-système soviétique a pu fonctionner, mal certes, c'est que les travailleurs jugés nuisibles étaient menacés d'être envoyés... en camp de travail ! Cela dit, le chômage de masse n'est pas une nécessité et peut même jouer contre l'efficacité du marché du travail, en freinant la mobilité des salariés, qui s'accrochent à leur emploi. Quand le chômage est faible, les salariés n'hésitent pas à changer d'emploi pour rejoindre des entreprises qui leur offrent plus de perspectives. Ils accélèrent ainsi la disparition des branches mortes au profit des jeunes pousses qui se portent bien. On retrouve ici, une nouvelle fois, la logique schumpéterienne. Inversement, quand le chômage est très élevé, et que cela pèse sur le prix du travail, les entreprises peuvent recruter des salariés à bas prix plutôt que de chercher à innover, à améliorer la productivité et on voit se multiplier les emplois dans le domaine des services, y compris domestiques, sur fond d'inégalités croissantes.

Donc, un peu de chômage est indispensable, beaucoup de chômage est nuisible…

Oui, sur le plan social, bien évidemment, mais aussi au plan économique. On peut considérer que le chômage de masse est la forme la plus antiéconomique de partage du travail qui soit, en opposant ceux qui travaillent toujours plus par peur de perdre leur emploi et ceux qui, de l'autre côté, peinent à en trouver un. Au-delà, ce qui fait qu'un salarié travaille bien n'est pas la peur du chômage, c'est d'abord de pouvoir s'estimer soi-même et de bénéficier de l'estime de ses collègues. Un des principaux facteurs de souffrance au travail aujourd'hui réside pour les salariés dans le fait d'être contraint d'effectuer des tâches jugées contestables – par exemple, vendre des biens ou services inutiles – ou de ne pas avoir les moyens d'effectuer son travail dans les conditions de qualité que l'on souhaiterait.

L'ÉCONOMIE SOLIDAIRE

L'économie sociale et solidaire n'est-elle pas une autre voie possible ?

Les entreprises de l'économie sociale et solidaire poursuivent pour la plupart un objet social bien défini et sont à caractère non lucratif, ce qui les distingue des sociétés de capitaux. Cependant, ces entreprises emploient elles aussi des salariés et doivent équilibrer leurs comptes pour pérenniser leur activité ou se développer, ce qui en font des entreprises comme les autres. En outre, seules les Scop (Sociétés coopératives et participatives), qui emploient 42 500 personnes sur les 2 300 000 que compte l'économie sociale, sont contrôlées par leurs propres salariés. En revanche, dans les autres structures, c'est une autre partie prenante qui gouverne l'entreprise. Ainsi, les grandes associations sont pilotées par les bénévoles qui siègent dans leur conseil d'administration, les mutuelles sont contrôlées par les représentants de leurs adhérents ou sociétaires. De même, les grandes coopératives agricoles sont, en théorie, contrôlées par les agriculteurs qui en sont membres mais, en réalité, ce sont plutôt les *managers* qui en définissent la stratégie et l'imposent aux agriculteurs. En pratique, les conditions de travail et de rémunération dans l'économie sociale et solidaire ne sont pas radicalement différentes et sont davantage liées au secteur dans lequel l'activité est exercée qu'au statut spécifique de l'entreprise. Si vous travaillez au Crédit agricole, vous gagnerez comme dans une autre banque. Si vous travaillez dans une petite association, cela risque d'être bien différent !

Au fond, la gestion démocratique revendiquée par l'économie sociale souffre de deux limites. À la différence de la démocratie politique, dont la finalité est de rendre possible l'alternance, elle a au contraire pour objet d'assurer la fidélité de l'organisation à son objet social. Du coup, les élections sont souvent formelles, avec des listes uniques et une tendance à la cooptation qui peut provoquer des effets pervers : présidence à vie, bureaucratisation, etc. Il faut donc veiller à lutter contre ces tendances. L'autre limite tient au fait qu'une seule partie prenante a le pouvoir. Il faudrait dans tous les cas donner un minimum de pouvoir aux salariés. Ce qui vaut pour les sociétés de capitaux vaut aussi pour l'économie sociale et solidaire.

Même s'il y a encore beaucoup de progrès à faire, les entreprises non lucratives, ou aux modes de gouvernance relativement démocratiques, montrent que l'entreprise capitaliste standard n'est pas le « *one best way* » absolu. Elles portent l'idée que l'économie peut aussi fonctionner sur un mode coopératif et avoir pour fonction de satisfaire des besoins plutôt que de dégager des profits. Enfin, elles témoignent du fait qu'on peut avoir envie d'entreprendre pour des raisons qui associent des motivations altruistes à l'envie de réussir. Un ensemble d'éléments en complète contradiction avec la vision développée par la science économique standard.

L'échange et la globalisation

Entretien avec **Jean-Marc Daniel**, mené par Pierre-Pascal Boulanger

Jean-Marc Daniel est professeur d'économie à ESCP [École supérieure de commerce de Paris] Europe, chargé de cours à l'École des mines et à l'Ensae [École nationale de la statistique et de l'administration économique].
Pierre-Pascal Boulanger est professeur de sciences économiques et sociales à Paris, président-fondateur des Économiques de Turgot, co-initiateur et chef de projet des Rencontres des SES de l'académie de Paris, fondateur et coordinateur du Printemps de l'économie de Paris.

Dépliants

LES DIFFÉRENTES ZONES D'ÉCHANGE

VIVRE SANS PRODUITS IMPORTÉS ?

9

LES DIFFÉRENTES ZONES D'ÉCHANGE

Pour renforcer leur développement économique, les pays ont tendance à se regrouper pour former des zones d'intégration. On peut distinguer 4 étapes de regroupement, classées par degré d'intégration croissant :

1. le libre-échange (suppression des obstacles aux échanges de marchandises) ;
2. le marché commun (libre circulation des capitaux et des personnes) ;
3. l'union économique (politiques économiques communes) ;
4. l'union monétaire (même monnaie pour tous les pays).

Pour chacun de ces niveaux, la carte propose quelques exemples. Les avez-vous trouvés ?

Sources : Insee 2011.

ZONE DE LIBRE-ÉCHANGE

MARCHÉ COMMUN

UNION ÉCONOMIQUE

UNION MONÉTAIRE

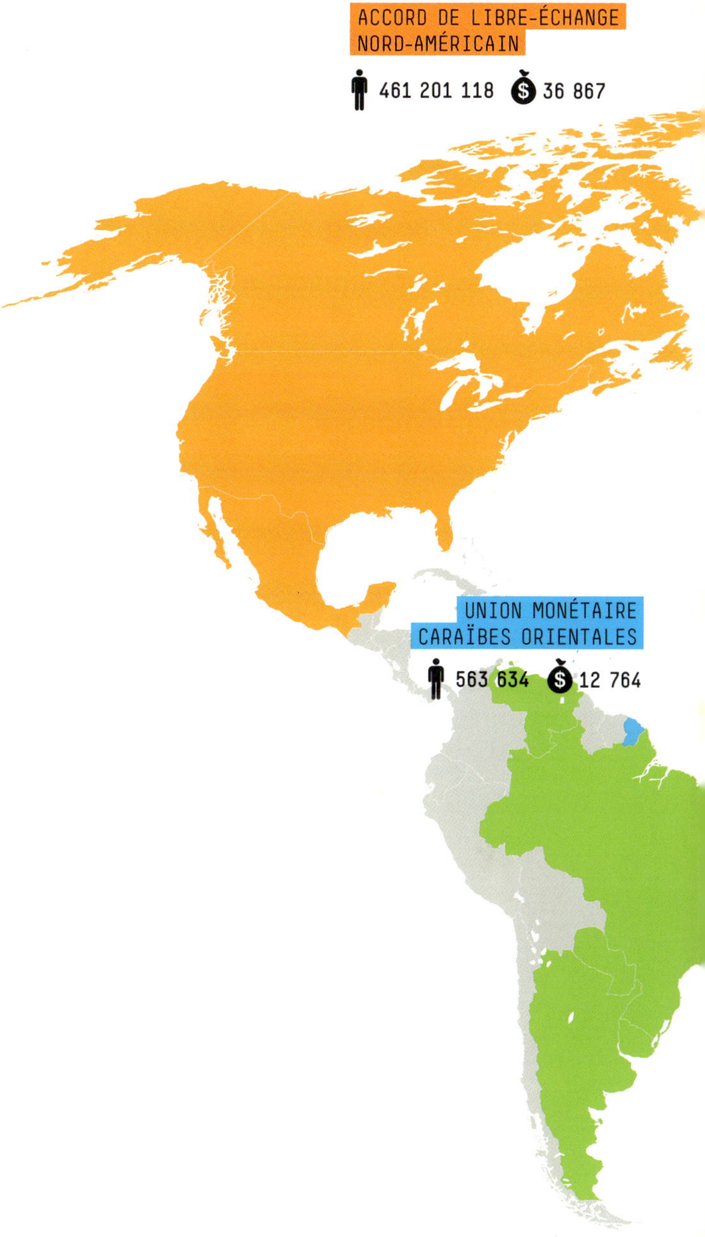

Population totale en 2011

PIB par habitant en dollars en 2009

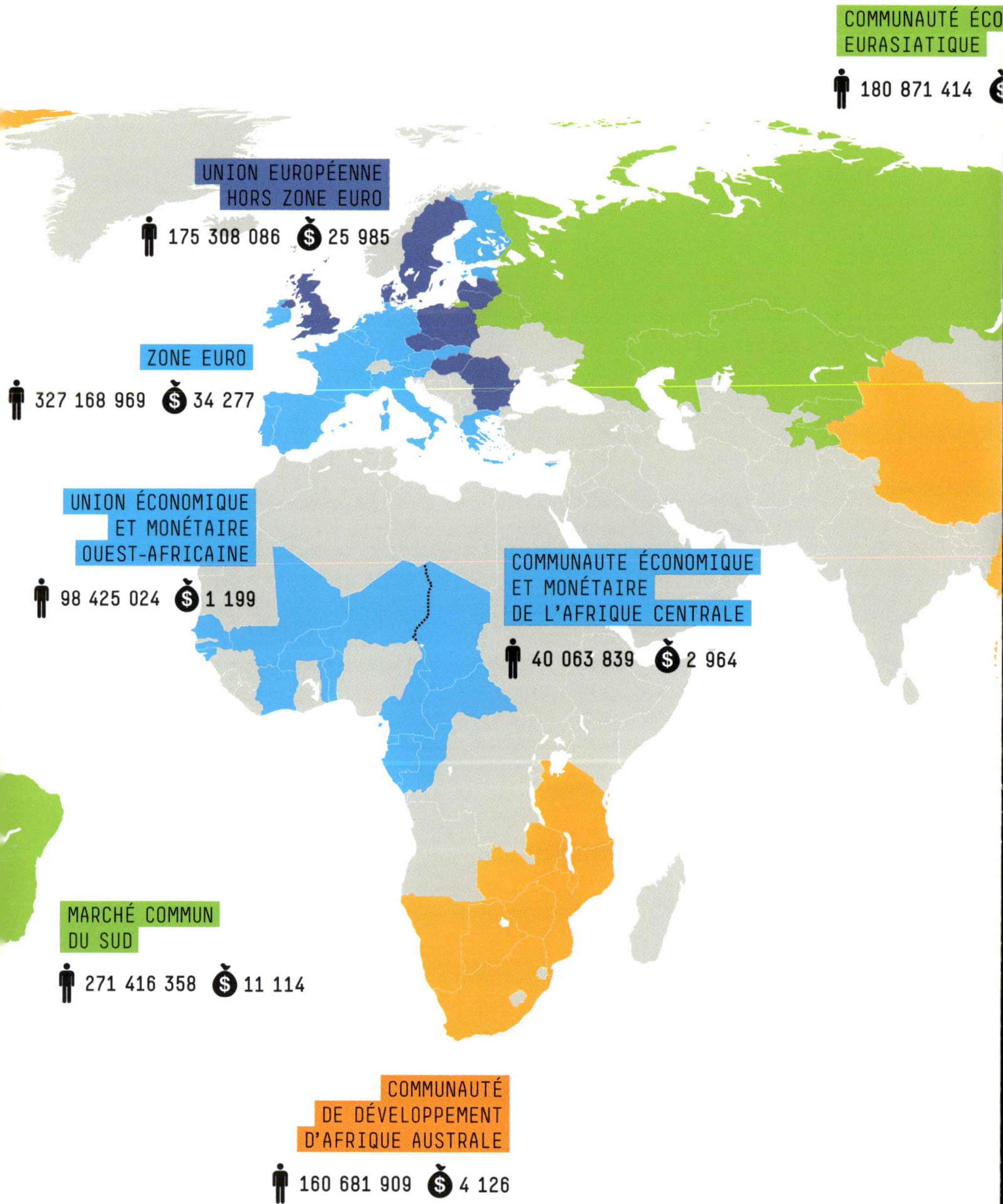

COMMUNAUTÉ ÉCO
EURASIATIQUE
180 871 414
UNION EUROPÉENNE
HORS ZONE EURO
175 308 086
25 985
ZONE EURO
327 168 969
34 277
UNION ÉCONOMIQUE
ET MONÉTAIRE
OUEST-AFRICAINE
98 425 024
1 199
COMMUNAUTE ÉCONOMIQUE
ET MONÉTAIRE
DE L'AFRIQUE CENTRALE
40 063 839
2 964
MARCHÉ COMMUN
DU SUD
271 416 358
11 114
COMMUNAUTÉ
DE DÉVELOPPEMENT
D'AFRIQUE AUSTRALE
160 681 909
4 126

10

VIVRE SANS PRODUITS IMPORTÉS ?

« Et si nous ne devions vivre qu'avec des objets fabriqués en France ? » C'est la question posée par le photographe Matthieu Sartre dans sa série *Made in France* (http://www.matthieusartre.com/fr/portfolio-9673-0-28-.html). Ses clichés poussent la démarche jusqu'au bout : en haut pour le compositeur et le moniteur de ski, à gauche pour le vétérinaire, la personne est dans son environnement habituel ; en bas pour le compositeur et le moniteur de ski, à droite pour le vétérinaire, les objets fabriqués hors de France ont disparu.
Nous voilà pris en flagrant délit de dépendance à la mondialisation ! Toutefois, ces images ne représentent pas les services, qui restent essentiellement locaux : coiffure, restauration, santé…

DÉFINITION ET FONDEMENTS

Comment définir la mondialisation ?

C'est Herbert Marshall McLuhan qui, le premier, a parlé de «*globalization*». Il est l'inventeur du mot. En 1962, dans son livre sur la *Galaxie Gutenberg*, il évoque le «village global», le village planétaire. Son traducteur vers le français a imaginé le mot de «mondialisation» pour le mot anglais «*globalization*». En revenant à H. M. McLuhan, on peut définir la mondialisation comme l'extension géographique maximale des échanges de biens et de services, mais aussi d'informations. Une telle définition dépasse l'idée d'internationalisation, qui correspondait plutôt à la multiplication au niveau mondial des échanges de biens, favorisée par la révolution industrielle. Pour H. M. McLuhan, le nouveau fait essentiel est la circulation de l'information. Ainsi, si, en 1962, on avait demandé à un paysan russe qui était président des États-Unis, il aurait su que c'était Kennedy. Si l'on avait demandé à un Chinois du VIe siècle qui était empereur à Constantinople, il l'aurait ignoré. Et pourtant la Chine vendait de la soie aux Byzantins en énorme quantité. En résumé, la mondialisation s'identifie à la liberté de circulation des capitaux, des hommes et de l'information. C'est aussi la généralisation d'une forme d'organisation économique et politique: 98 % des êtres humains vivent dans une économie de marché; le formalisme démocratique, héritage de la démocratie anglo-saxonne, s'est imposé à la surface de la planète, même si parfois il est fictif.

The Gutenberg Galaxy: The Making of Typographic Man (University of Toronto Press, 1962), traduit en français par *La Galaxie Gutenberg: la genèse de l'homme typographique* (Gallimard, 1967).

Je compléterai ce constat en précisant que, malgré l'abondante circulation de l'information, celle-ci est hiérarchisée: si tout le monde sait qui est le président des États-Unis, on ignore en général qui est, par exemple, celui du Kenya. Dans la mondialisation, quel que soit le degré d'aboutissement de celle-ci, il y a toujours un pays dominant. Cela a d'abord été l'Espagne au XVIe siècle, puis la France, dont la domination aux XVIIe et XVIIIe siècles avait une composante culturelle, et aujourd'hui les Anglo-Saxons – les Anglais puis les Américains – aussi bien du point de vue culturel (le standard de vie américain est largement diffusé par les séries télévisées), qu'économique et commercial.

Ce phénomène n'est pas nouveau, on peut le comparer avec les formes antérieures de « mondialisation » dont parlent certains anthropologues.

Il y a toujours eu des échanges ; l'autarcie complète est impraticable. Reprenant la thèse des « frontières naturelles » développée par les Jacobins pendant la Révolution française, le philosophe allemand Johann Gottlieb Fichte, dans *L'État commercial fermé*, publié en 1799, théorise un État vivant en pure autarcie. Il en perçoit néanmoins le caractère artificiel. L'homme a en effet naturellement besoin d'échanger. Le marché n'est pas une construction idéologique mais un trait du comportement humain, et la mondialisation constitue l'extension la plus large de cette dynamique.

?

Philosophe allemand (1762-1814), inspirateur de Hegel, de Marx et de Staline ; on le présente parfois comme le promoteur de l'idée de « socialisme dans un seul pays ».

Pourquoi les Français sont-ils effrayés par la mondialisation ?

En France, dans les discours, tout le monde est « pour » la concurrence, mais, dans la pratique, beaucoup d'acteurs économiques cherchent à l'éviter, sous le prétexte que leurs concurrents seraient déloyaux. Ainsi, le patronat français, bien que présenté par l'extrême gauche comme ultralibéral, a une forte tradition protectionniste. Voyez l'origine de l'expression désormais célèbre de « péril jaune » ! En 1897, Jacques Novicow publie dans la *Revue internationale de sociologie* un article en réponse à Paul Bourget, l'un des penseurs de la droite de l'époque. P. Bourget affirmait : « L'ouvrier à cinq sous [le Chinois] vaincra l'ouvrier à cinq francs [le Français]. » Pour lui et beaucoup de dirigeants de l'époque, la France est – déjà – en train de se vider de sa substance industrielle à cause de la concurrence chinoise. J. Novicow leur répond que la concurrence internationale est une bonne chose, car elle oblige les entreprises à faire des gains de productivité. Quant à l'idée que la Chine va tout produire, elle est irrationnelle : les Chinois auront envie d'acheter des produits à l'étranger, ne serait-ce que par effet de snobisme. L'enrichissement des Chinois finira par revenir vers nous. Quelque cent vingt ans plus tard, on nous ressert le même discours protectionniste sur les Chinois qui volent nos emplois !

?

Sociologue russe d'expression française (1849-1912).

Usine de fabrication de peluches à Yiwu, province du Zhejiang (Chine, 2009).

Les élites françaises ont souvent eu du mal à se projeter vers l'avenir, elles cherchent à conserver le plus longtemps possible la structure de production qui est en place. En 1786, la signature du traité de libre-échange avec la Grande-Bretagne résulte de la décision d'un tout petit groupe réuni autour de Louis XVI. De même, en 1860, Napoléon III signe un traité de libre-échange avec le Royaume-Uni malgré le patronat et les élites politiques. Dès sa chute, la remise en cause du libre-échange est à l'ordre du jour et aboutit au protectionnisme de Jules Méline.

Jacques Rueff, un grand économiste qui conseilla le général de Gaulle aux débuts de la Ve République, expliquait pourtant qu'il n'y a pas de différence entre le commerce national et le commerce international. Il rappelait que si l'exportation était la solution aux problèmes économiques, la planète irait au-devant de lourdes déconvenues, car on voit mal vers où elle pourrait exporter !

La tradition protectionniste en France a, comme dernier avatar, la nostalgie des dévaluations. Écoutez les discours récurrents qui dénoncent la « surévaluation » de l'euro. Pourtant, la dévaluation – comme naguère les droits de douane – a comme résultat incontestable… une baisse du pouvoir d'achat de la population !

? Décision des autorités monétaires, qui consiste à abaisser la parité de leur devise par rapport à d'autres, ce qui a pour effet de favoriser les exportations des agents résidents de leur zone et de renchérir leurs importations.

La théorie officielle de l'OMC est la loi des avantages comparatifs de David Ricardo. Qu'est-ce qui la différencie de la loi des avantages absolus d'Adam Smith ?

? Organisation mondiale du commerce.

David Ricardo rassure les gens par rapport aux avantages absolus d'Adam Smith en introduisant les avantages comparatifs. Avec la logique des avantages absolus, on peut penser qu'à terme un pays, devenu le plus efficace dans tous les secteurs, pourrait devenir l'atelier du monde (comme on le dit maintenant pour la Chine), dont les autres seraient complètement dépendants. D. Ricardo montre que ce ne sera pas le cas. Chaque pays trouvera sa place dans l'économie mondiale en se spécialisant dans ce qu'il sait faire le mieux, c'est-à-dire là où il a un avantage comparatif. Il développe dans son livre, paru en 1817, l'exemple du drap et du vin, de l'Angleterre et du

Des principes de l'économie politique et de l'impôt (Flammarion, 1993).

Portugal. Avec un nombre d'heures de travail donné, le Portugal produit 20 mètres de drap et 300 litres de vin tandis que l'Angleterre produit 10 mètres de drap et 100 litres de vin. L'Angleterre est donc désavantagée dans les deux cas mais, pourtant elle a intérêt à se spécialiser dans la production de drap, où elle possède un avantage relatif, car avec 10 mètres de drap, elle obtiendra 150 litres de vin portugais (contre 100 chez elle). À l'inverse, le Portugal devra se spécialiser dans la production vinicole, puisque l'échange avec l'Angleterre de 300 litres de vin portugais lui permettra d'obtenir 30 mètres de drap anglais au lieu de 20 mètres de drap portugais. L'Angleterre a un avantage comparatif dans la production de drap alors que le Portugal possède un avantage absolu. Ce qu'il y a d'important dans la démonstration de Ricardo, ce n'est pas de savoir si au Portugal les salaires sont moins élevés qu'en Angleterre, c'est de comparer, au Portugal, le secteur agricole et le secteur manufacturier, et de voir où l'efficacité de la population portugaise est la plus grande. En fait, l'idée est d'étendre aux relations économiques internationales la division du travail que chacun connaît dans sa vie quotidienne. Un individu n'est pas bêcheur le matin, blanchisseur l'après-midi et cordonnier le soir : il produit puis échange. Au niveau mondial, chaque pays doit être dans cette situation, et tout le monde sera gagnant.

Les choix de spécialisation des nations ne présentent-ils pas un risque ? Un pays peut-il garder durablement ses avantages quand d'autres cherchent à le concurrencer ?

L'une des critiques qu'on fait dans l'exemple du drap et du vin, c'est le problème de l'évolution dans le temps des avantages comparatifs. Dans cet exemple, D. Ricardo conclut que le Portugal doit se spécialiser dans le vin. Or, on peut se demander si *ad vitam æternam* le secteur agricole sera au Portugal plus intéressant que le secteur textile. Sinon comment gérera-t-on la période de transition quand les avantages comparatifs changeront, c'est-à-dire quand, grâce à des investissements porteurs, l'ouvrier du textile portugais deviendra plus productif que son compatriote agriculteur ? Concrètement, cela se fait de façon assez pragmatique, au gré de l'histoire.

Comment un pays opère-t-il ses choix de spécialisation ?

Pour reprendre ce que je disais précédemment, ces choix se font de façon pragmatique, certains diraient « au hasard ». Mais il y a des éléments objectifs qui les orientent.
Le premier élément, ce sont les avantages qualitatifs traditionnels du pays : ses ressources naturelles. La France fut à l'avant-garde de l'automobile, car ses faibles ressources en charbon la rendaient moins attachée aux chemins de fer que l'Allemagne ou le Royaume-Uni. L'image immatérielle, l'image de marque, qui ne se fonde pas seulement sur des éléments de coûts, constitue un deuxième élément. On cite souvent le cas du « Made in Germany » pour illustrer la capacité de l'Allemagne à associer son nom à la qualité. C'est d'autant plus frappant quand on sait que l'intention initiale de ses concepteurs anglais était de punir les Allemands. En effet, dans les années 1880, Joseph Chamberlain, le maire de Birmingham, réclame au gouvernement britannique des droits de douane sur l'acier venu d'outre-Rhin. Il ne les obtient pas, mais on lui fait une concession. On appose la mention « Made in Germany » sur les produits allemands. L'idée est que le consommateur britannique, dûment informé de l'origine de ce qu'il achète, se détournera des produits allemands. Contre toute attente, les Anglais se ruent sur les produits « Made in Germany », qui leur paraissent de meilleure qualité que ceux fabriqués chez eux.
Le troisième élément de spécialisation, c'est la capacité à avoir un temps d'avance en termes de recherche et développement. C'est un aspect sur lequel l'État a un rôle à jouer. La France, par exemple, a une spécialisation reconnue dans le militaire pour des raisons politiques.
Cela dit, parler de spécialisation suppose de pouvoir identifier l'origine des produits. Plus ils sont complexes, moins cela a de sens. La parabole du crayon, qu'on attribue à Milton Friedman, en est une belle illustration. Reprenant un texte de Leonard Read, M. Friedman se demande ce que signifie le « Made in USA » pour un crayon. En effet, bien que cet objet soit très simple, sa fabrication mobilise de nombreux lieux de production, et dire qu'il vient des États-Unis est réducteur : sa mine en graphite arrive de Tchécoslovaquie, le bout de bois vient

du Canada, l'aluminium arrive de France, la gomme du Brésil… M. Friedman constate que seul le distributeur est américain.

LA MONDIALISATION : UNE MENACE ?

Qu'en est-il de la désindustrialisation de la France ? Peut-on en attribuer la responsabilité à la mondialisation ?

Il y a une multitude de rapports produits autour de la désindustrialisation et de la mondialisation en France. L'un des plus fiables est une note de juin 2010 de la direction du Trésor qui essaie de quantifier les causes du recul de l'emploi industriel en France de 1975 à 2007. Quatre facteurs sont mis en avant : le premier est la redéfinition statistique de ce qu'est un emploi industriel. Autrefois les salariés de la restauration collective des usines étaient comptabilisés dans les effectifs industriels ; aujourd'hui, ce service ayant été externalisé, ces emplois sont comptabilisés ailleurs. Cela représente une part non négligeable – 25 % – des disparitions d'emplois industriels. Le deuxième facteur est la productivité : on fait plus de choses avec moins de personnes. Le troisième est la disparition de certains objets qui ne trouvent plus d'acheteurs car ils sont devenus obsolètes. Restent les délocalisations, dont le rapport évalue l'impact à 15 % des emplois disparus. Ce qui est important dans cette note, c'est qu'elle montre que la perte d'emplois est due essentiellement au progrès technique. Ce fut la même chose auparavant dans l'agriculture. La grande erreur dans l'analyse d'une situation économique est de la centrer sur l'emploi et non sur la richesse créée. Il est normal que le système productif évolue – c'est ce que l'économiste autrichien Joseph Schumpeter appelait la « destruction créatrice ». Refuser la mondialisation, c'est refuser cette évolution.

Hauts fourneaux sur le site d'Arcelormittal en Lorraine, à Florange (France, 2012).

Le problème, c'est que l'individu est à la fois salarié ET consommateur. Il gagne d'un côté et perd de l'autre. Comment s'y retrouver?

C'est une question clé. Grâce à la mondialisation, ce que les économistes appellent le «surplus global de la société» et qui mesure l'ensemble du bien-être du pays s'accroît. Cela signifie que ce que le consommateur gagne, du fait de la baisse des prix due aux importations, est supérieur à ce que perdent les producteurs nationaux, du fait de la concurrence internationale. Mais même si, dans un calcul économique global, on peut démontrer que la société a amélioré son bien-être, ceux qui ont perdu leur emploi se sentent victimes de la mondialisation. Cependant, il faut voir que, derrière la mondialisation, ce qui agit, c'est la concurrence et le progrès technique. Et l'on n'a pas attendu la mondialisation actuelle pour les critiquer. Souvenons-nous des *luddites*, ces ouvriers anglais qui, au début du XIXe siècle, brisaient les machines pour sauvegarder l'emploi. Les emplois qu'ils prétendaient sauver ont tous disparu dans la dynamique du progrès économique. Par ailleurs, si la concurrence internationale peut provoquer des difficultés sociales, il est fallacieux de croire que le protectionnisme ne génère pas lui aussi une forme de souffrance. Au XIXe siècle, certains socialistes mettaient en garde contre le fait qu'au nom du «droit au travail» on allait créer un «devoir de misère» en réduisant le pouvoir d'achat par des droits de douane. La mondialisation suppose une grande capacité d'adaptation. Cela passe par un marché du travail flexible, une employabilité renforcée, mais aussi, pour éviter les drames humains, par une forte solidarité sociale reposant sur une assurance chômage relativement généreuse. Mais croire qu'en maintenant des activités obsolètes ou en cours de délocalisation, on va résoudre le problème me paraît erroné. Le véritable enjeu n'est pas de freiner la mondialisation mais de donner à chacun la possibilité d'en tirer profit.

Est-ce que la baisse de croissance est liée à la mondialisation?

Non, la baisse de croissance que nous constatons en France, et plus généralement dans les pays développés, est due à trois phénomènes majeurs: le plafonnement du progrès technique,

l'accroissement très sensible du prix de l'énergie et le vieillissement de la population.
Nous sommes en France, en ce moment, dans une décennie perdue, sans véritable évolution de la productivité ni innovation pouvant avoir un impact de même nature que ce qu'ont pu être, par exemple, la machine à vapeur ou l'électricité. Mais le vent tourne, et l'on voit, aux États-Unis notamment, poindre les nouveaux vecteurs de croissance... Les dernières usines de General Motors sont sans ouvriers. Cette robotisation en cours va provoquer une nouvelle vague d'augmentation de la productivité. Je pressens par ailleurs un contre-choc énergétique, c'est-à-dire une baisse du prix de l'énergie, ce qui favorisera un retour de la croissance.
Reste à régler le problème du vieillissement. Il est particulièrement sensible pour les pays développés. On nous donne souvent l'Allemagne en modèle. Mais, si le chômage baisse dans ce pays, c'est tout simplement parce que la population active baisse aussi. Au Japon, le vieillissement démographique est très rapide : en 2012, on y a vendu plus de couches pour incontinence sénile que de couches pour bébés... Il faut donc se méfier des références que l'on utilise, car prendre pour modèle des pays qui vieillissent ne me paraît pas souhaitable.

Pensez-vous que la mondialisation ait été facteur de croissance mondiale ?

À mes yeux, la réponse est incontestablement « oui ». Néanmoins, certains le contestent. Peut-on s'appuyer sur le verdict de l'histoire ? C'est en fait plus difficile qu'on ne le croit. L'économiste belge Paul Bairoch soulignait que les pays émergents de la fin du XIXe siècle (Japon, Allemagne, États-Unis) étaient tous protectionnistes. Mais il restait prudent dans ses conclusions : il rappelait que ces pays n'étaient pas dans une logique de pur isolationnisme et qu'ils avaient adopté le principe de la mondialisation financière par l'acceptation de l'étalon-or et de la liberté de circulation des capitaux. En outre, dans ces pays, l'explosion démographique entretenait une forte concurrence au sein de la main-d'œuvre, comparable à celle qu'aurait pu exercer la concurrence étrangère.
D'ailleurs, quand cette dynamique démographique commence à s'épuiser, les droits de douane sont abaissés. Aux États-Unis,

Thomas Woodrow Wilson, élu à la présidence en 1912, utilise l'impôt sur le revenu nouvellement créé pour baisser les droits de douane.

Pouvez-vous expliquer ce que sont les taux de change flottants ?

Le taux de change est le prix d'une monnaie nationale, fixé par rapport à un étalon reconnu par tous les pays. Naguère, c'était l'or. Nous n'avons plus d'étalon monétaire mondial stable depuis l'abandon de l'or décidé par les États-Unis en 1971 et entériné par tous les pays au sommet du FMI à Kingston en 1976. Le prix des monnaies change au jour le jour : ce sont les changes flottants. Je suis convaincu que ce système est malsain. Je ne dis pas que l'or était parfait, mais il avait certains avantages. Il permettait notamment une sorte d'égalité entre les nations. Depuis son abandon, les États-Unis ont un « privilège exorbitant » : ils paient en dollars – qu'ils fabriquent – les biens que les autres pays produisent. Concrètement, l'Américain moyen achète à bas prix – ce qui accroît son pouvoir d'achat – des tee-shirts chinois. Du coup le fabricant chinois reçoit des dollars, que sa banque centrale récupère et accumule sans trop rechigner. Les Américains sont comme des alchimistes : ils ont une capacité à fabriquer de la monnaie sans limites... et sans vergogne... et sans travail.

? Fonds monétaire international.

Magasin McDonald's à Riyad (Arabie Saoudite, 2007).

Quand le système reposait sur l'or, il y avait des limites : une fois que l'or était sorti d'un pays, il n'y en avait plus assez pour régler les factures à l'import, la masse monétaire se contractait, c'étaient la déflation et le chômage. Le pays s'arrangeait donc pour éviter d'en arriver là en maintenant sa compétitivité. Aujourd'hui, du fait de leur déficit extérieur, les États-Unis perdent des dollars. Mais ceux qui les reçoivent, ne sachant trop qu'en faire, les replacent aux États-Unis... Ce qui est sorti revient, et cela ne gêne guère les Américains. Ce système est si déséquilibré qu'on voit bien qu'il est issu d'un rapport de force.

Il y a donc un vrai problème de déséquilibre ?

Oui, il y a là un déséquilibre fondamental. Mais il ne faut pas en rester à une interprétation strictement politique. Un déséquilibre extérieur, que les économistes appellent un « déséquilibre de balance des paiements courants », est avant tout un problème d'épargne. Quand vous avez un déficit, c'est que vous consommez trop, donc que vous n'épargnez pas assez. Quand vous avez un excédent, c'est en revanche que vous épargnez. Un pays qui vieillit a besoin d'épargne à placer pour générer des revenus futurs importants. Il doit être en excédent extérieur. On doit donc analyser la situation extérieure d'un pays en tenant compte de sa démographie. Ainsi, le Japon a dégagé beaucoup d'excédents extérieurs, qu'il a utilisés pour acheter des usines en Indonésie et en Chine. De ses achats, il tire des revenus qui servent à payer les retraites de plus en plus lourdes de sa population.

Une conséquence du déficit américain est l'exportation de l'inflation. Les dollars qui s'accumulent dans les caisses publiques chinoises, mais aussi dans les caisses privées allemandes, accroissent la masse monétaire de ces pays. Et, comme cet accroissement de la quantité de monnaie ne correspond pas à une richesse immédiate créée, cela fait naître des problèmes d'inflation. En réalité, le besoin de monnaie du monde n'est pas conforme à la volonté américaine de bien vivre : il y a ce dont a besoin le monde et ce dont ont besoin les États-Unis. La contradiction entre les deux se traduit par de l'inflation en Chine. Dans la zone euro, qui est aussi en excédent extérieur, cela a tendance à faire monter le taux de change.

Les pays les moins avancés sont-ils les grands perdants ou sont-ils dans une situation transitoire ?

Je pense qu'ils sont plutôt dans une situation transitoire. En Afrique, que l'on disait mal partie, certains pays sont en train de décoller. Le problème des pays à la traîne, ce n'est pas la mondialisation, mais le fait que la population, quand elle a reçu une bonne formation, ait été poussée vers la fonction publique plutôt que vers la création d'entreprises. L'amélioration de la productivité agricole permet de dégager de la main-d'œuvre que l'on peut orienter vers l'industrie, mais il faut une classe entrepreneuriale pour tirer profit de cet exode rural. Quoi qu'il en soit, l'Afrique est le réservoir de croissance de l'Europe : une osmose entre la vieillesse du Nord et la jeunesse du Sud, notamment africaine, va nécessairement se mettre en place.

Pour finir sur le paysage économique mondial, un élément inquiétant est la concentration, par le biais de rentes notamment sur les matières premières, d'un pouvoir financier dans des structures qui échappent à la logique économique usuelle. Concrètement, certains pays qui accumulent des excédents extérieurs et donc des dollars ont tendance à centraliser la gestion de ces dollars entre les mains de l'État. C'est ce qu'on appelle les « fonds souverains ». Une partie de l'épargne mondiale est de ce fait entre les mains de systèmes étatiques. Je suis surpris qu'en France on y soit très favorable. En effet, si les décisions d'un fonds souverain comme celui de la Norvège, qui est un mécanisme de lissage dans le temps des recettes pétrolières, sont à peu près compréhensibles, qu'en est-il de la Chine ou du Qatar ? Dans ces pays, qui sont des dictatures, les intentions des fonds souverains sont illisibles.

QUEL CADRE POUR LA MONDIALISATION ?

L'un des méfaits de la mondialisation n'est-il pas que la puissance dominante s'exonère des règles ?

Oui, il y a une dimension politique dans l'analyse de la mondialisation, qui conduit à s'interroger sérieusement sur la gestion américaine. Quand le Royaume-Uni, vainqueur de Napoléon, était le pays dominant, il exportait un savoir-faire industriel et une vision de la politique économique au travers de sa défense du libre-échange. Aujourd'hui, les Américains, vainqueurs de la Guerre froide, exportent de l'inflation ! En France, on accuse la mondialisation d'être à l'origine du chômage. Mais, si l'on regarde avec un grand angle, il faut bien admettre que la mondialisation, sous l'égide américaine, est plutôt à l'origine de l'inflation. L'une des difficultés présentes est que la puissance dominante ne se considère pas responsable de la mondialisation. La célèbre formule du secrétaire au Trésor de Richard Nixon sur le statut du dollar (« le dollar, c'est notre monnaie, et c'est votre problème ») correspondait à un certain provincialisme américain : l'objectif de Washington est de réduire le chômage en Arizona ou dans le Michigan, sans se soucier de la situation dans le monde...

En outre, la puissance dominante ne vit pas l'inflation comme un mal. Beaucoup de dirigeants américains considèrent que l'inflation est un outil qu'on peut utiliser comme d'autres outils de politique économique ! Pour eux, l'inflation est un moyen de réduire le chômage. Cette idée s'appelle, en théorie économique, « l'arbitrage de Phillips ». Aujourd'hui, la plupart des économistes, dont moi, sont très dubitatifs sur le fait que l'inflation réduise le chômage, mais cela ne réfrène pas pour autant les Américains.

? Président des États-Unis de 1969 à 1974.

? Arbitrage de Phillips : fait de se demander si le taux de chômage et le taux d'inflation évoluent en sens inverse l'un de l'autre. En particulier, on se demande dans ce cadre si on peut réduire le chômage en laissant filer l'inflation. Au stade actuel des réflexions, on considère que l'accroissement du chômage réduit l'inflation, et non l'inverse.

Les Chinois vont être obligés de se réorienter. Est-ce que leur monnaie va pouvoir rester sous-évaluée ?

L'inflation entretenue par la politique monétaire américaine est devenue un problème... chinois. La Chine est dans une situation instable : elle a fondé sa croissance sur les exportations liées à une monnaie sous-évaluée. Mais cette stratégie conduit à accumuler des dollars, ce qui provoque des problèmes d'inflation et de perte de compétitivité. Les Chinois savent qu'à terme ils devront accepter la hausse du taux de change de leur devise pour baisser le prix des importations et briser la spirale inflationniste.

En outre, les Chinois accumulent des excédents extérieurs, donc de l'épargne. Or celle-ci est placée en dépit du bon sens. Comme elle est gérée dans le cadre d'un fonds souverain, les responsables ont un comportement de bureaucrates et limitent les risques. Ils choisissent d'acheter des bons du Trésor américain, dont la rémunération est extrêmement faible.

Pour la population chinoise, il y a quelque chose de frustrant à constater que le travail qu'elle accomplit ne sert en grande partie qu'à financer les baisses d'impôts aux États-Unis. Les dirigeants de Pékin vont être amenés à accepter la revalorisation du taux de change du yuan pour augmenter le pouvoir d'achat.

Comment faudrait-il déterminer les taux de change pour que le commerce extérieur soit moins déséquilibré ?

Je pense qu'il faudrait revenir à un système de taux de change fixes, car celui-ci garantit l'autocorrection des déséquilibres des balances des paiements par les entrées et sorties de capitaux. Or, dans la théorie dite du « triangle de Mundell », on démontre qu'un taux de change fixe entre deux pays fait qu'ils ont le même taux d'inflation. Changes fixes et, par conséquent, stabilité des prix, tout cela limiterait les marges de manœuvre de la politique américaine...

Le marché ne peut-il pas fixer la valeur des monnaies ? Ne faudrait-il pas un système monétaire international ?

En théorie, les mécanismes de marché appliqués aux devises devraient permettre d'arriver à des taux de change d'équilibre. C'était la justification des changes flottants. Mais le marché des changes ne fonctionne pas comme un vrai marché. D'abord parce que certains pays, comme la Chine, en refusent la logique et ont un contrôle des changes, c'est-à-dire qu'ils limitent de façon autoritaire les quantités de capitaux échangés. Ensuite parce que certains intervenants, comme les banques centrales, sont des monopoles. Pour moi, le meilleur système serait un retour à un système de changes fixes, dont le référentiel serait le plus neutre possible, comme c'était le cas avec l'étalon-or. Nous en sommes loin. En effet, un système de changes fixes suppose l'absence d'inflation. Et cela gêne les États-Unis. Mais aussi d'autres pays. En France aussi, l'inflation a ses nostalgiques...

Penser l'économie ?

Entretien avec **Pierre-Cyrille Hautcœur**, mené par Zoubida Deraghla

Pierre-Cyrille Hautcœur est directeur d'études à l'École des hautes études en sciences sociales (EHESS) et professeur à l'École d'économie de Paris.
Zoubida Deraghla est professeure d'économie et de gestion au lycée Flora-Tristan à Noisy-le-Grand.

Dépliants

UNE HISTOIRE DES PENSÉES ÉCONOMIQUES

UNE CRISE PEUT EN CACHER UNE AUTRE

11

UNE HISTOIRE DES PENSÉES ÉCONOMIQUES

Depuis l'Antiquité grecque, la pensée économique suit les transformations de l'économie tout en étant influencée par le mouvement général des idées. Ainsi, c'est au cours de la Révolution industrielle qu'Adam Smith a cherché à lui donner une forme scientifique. L'histoire de la pensée économique est jalonnée par l'apparition d'idées nouvelles créant de nouveaux courants de pensée qui s'opposent aux idées admises, et par des tentatives de synthèses. Mais elle ne s'est véritablement construite qu'à la fin du XVIIIe siècle. Elle s'est nourrie de débats passionnés sur la dynamique du capitalisme, l'intervention de l'État, le libre-échange ou la rationalité des choix… Chaque école a apporté de nouveaux outils et de nouvelles théories.

La postérité des classiques

Dès l'Antiquité, Aristote montre que la monnaie se justifie par le besoin de mener des échanges équitables. En 1776, Adam Smith publie *La Richesse des Nations* : les phénomènes économiques s'expliquent avant tout par les comportements d'individus rationnels guidés par leur intérêt. Depuis, ces grands principes ont été étayés par les courants des néo-classiques et des nouveaux classiques, ces derniers supposant qu'est utilisée toute l'information actuelle et anticipée.

L'influence de Keynes

Avec sa *Théorie générale de l'emploi, de l'intérêt et de la monnaie* en 1936, John Maynard Keynes rompt avec le courant de pensée classique. Il insiste sur la complexité des motivations des agents économiques et sur la nécessité d'interventions publiques pour pallier les dysfonctionnements du marché livré à lui-même : chômage durable par exemple. Cette rupture inspirera des générations d'économistes à la recherche de nouveaux fondements pour expliquer des déséquilibres comme le chômage.

T. MALTHUS 1766→1834 UK

W. S. JEVONS 1835

J. M. KEYNES 1883→1946 UK

NÉOCLASSI

KEYNÉSIENS

POSTKEYNÉSIENS
J. ROBINSON 1903→1983 UK

LA SYNTHÈSE
J. HICKS 1904→1989 UK

NÉOKEYNÉSIENS
J. STIGLITZ 1943 US
P. KRUGMAN 1953 US

1492	1740-1760	1880-1914	1929-1937	1945-1973	1980-...
Découverte des Amériques	Première révolution industrielle	Seconde révolution industrielle	Grande Dépression	Les « Trente Glorieuses »	Révolution numérique

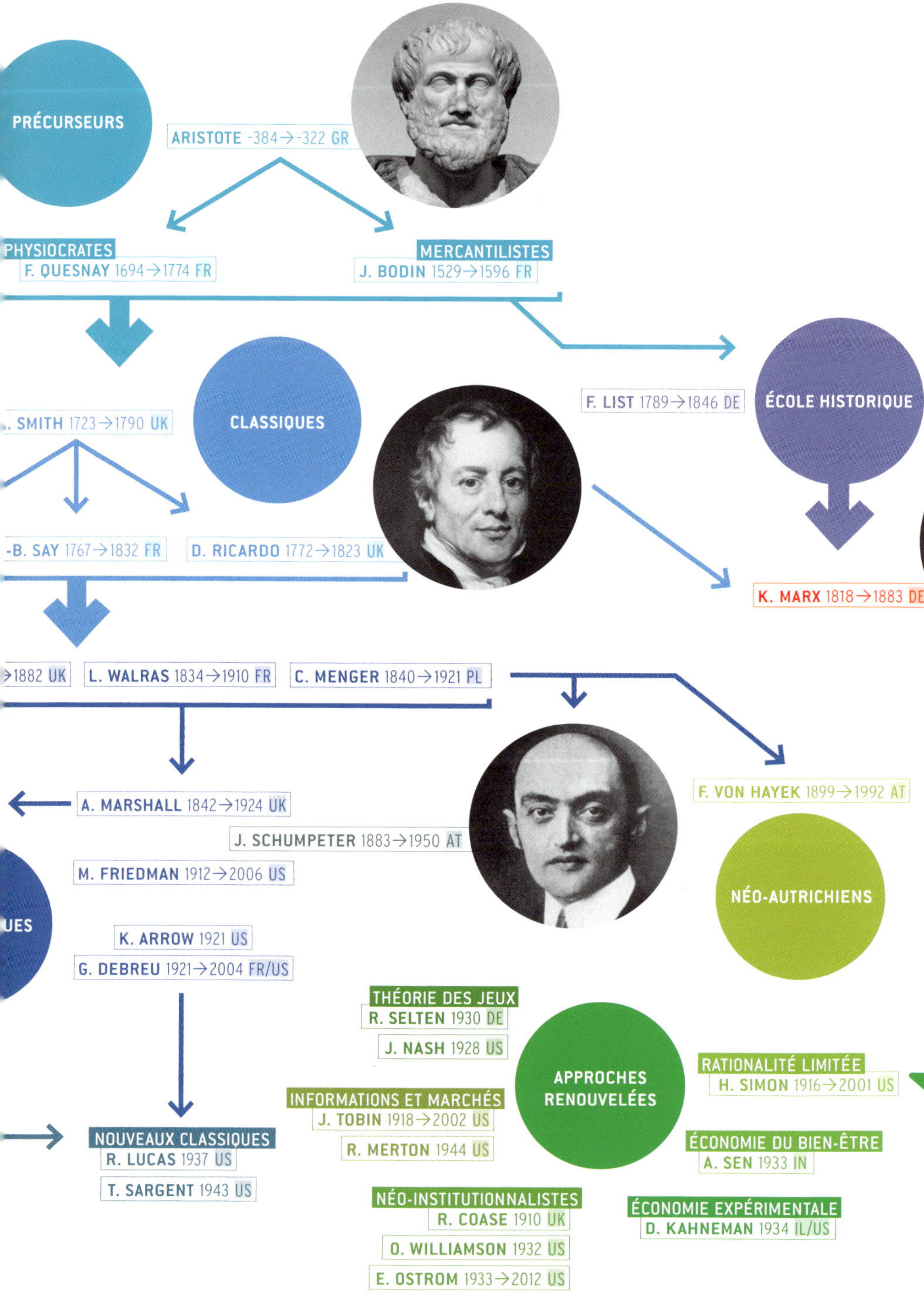
PRÉCURSEURS
ARISTOTE -384→-322 GR
PHYSIOCRATES
F. QUESNAY 1694→1774 FR
MERCANTILISTES
J. BODIN 1529→1596 FR
CLASSIQUES
. SMITH 1723→1790 UK
-B. SAY 1767→1832 FR
D. RICARDO 1772→1823 UK
F. LIST 1789→1846 DE
ÉCOLE HISTORIQUE
K. MARX 1818→1883 DE
→1882 UK
L. WALRAS 1834→1910 FR
C. MENGER 1840→1921 PL
A. MARSHALL 1842→1924 UK
J. SCHUMPETER 1883→1950 AT
F. VON HAYEK 1899→1992 AT
M. FRIEDMAN 1912→2006 US
NÉO-AUTRICHIENS
UES
K. ARROW 1921 US
G. DEBREU 1921→2004 FR/US
THÉORIE DES JEUX
R. SELTEN 1930 DE
J. NASH 1928 US
APPROCHES RENOUVELÉES
RATIONALITÉ LIMITÉE
H. SIMON 1916→2001 US
INFORMATIONS ET MARCHÉS
J. TOBIN 1918→2002 US
R. MERTON 1944 US
NOUVEAUX CLASSIQUES
R. LUCAS 1937 US
T. SARGENT 1943 US
ÉCONOMIE DU BIEN-ÊTRE
A. SEN 1933 IN
NÉO-INSTITUTIONNALISTES
R. COASE 1910 UK
O. WILLIAMSON 1932 US
E. OSTROM 1933→2012 US
ÉCONOMIE EXPÉRIMENTALE
D. KAHNEMAN 1934 IL/US

12

UNE CRISE PEUT EN CACHER UNE AUTRE

Une crise économique est une rupture brutale dans le fonctionnement habituel d'une économie. Elle résulte en général d'une accumulation de déséquilibres. Selon l'origine de ces déséquilibres, on parle par exemple de crise boursière ou bancaire, de crise de change, de la dette, ou de crise de subsistance. Elle se traduit le plus souvent par une baisse importante de l'activité économique, par des faillites et une hausse du chômage. Sa sévérité dépend de l'ampleur du déséquilibre initial mais aussi des politiques mises en œuvre pour la juguler. Quand elles sont très fortes, les crises se propagent d'un secteur économique à l'autre ou à travers le monde. On parle alors d'« effet domino ». À court terme, les États réagissent : ils tentent d'empêcher le déclenchement ou la propagation des crises, ils prennent des mesures pour modérer leurs effets. À plus long terme, les conséquences des crises imposent une évolution des structures de l'économie et de ses règles de fonctionnement.

LES DÉBUTS DE L'ÉCONOMIE

Qu'est-ce que l'économie ? De quand peut-on dater ce concept ?

Le mot économie vient d'un mot grec, *oikonomia*, qui signifie « administration du foyer ». Quand on parle d'économie, chez Xénophon par exemple, il s'agit de la gestion de la maison (les revenus, les dépenses, le patrimoine, etc.). Dès Aristote émerge une pensée de la société dans son ensemble, au sein de laquelle sont envisagés les problèmes d'argent. Au cours des siècles suivants, l'économie ne représente toujours pas un domaine distinct. Jusqu'au XVIIe siècle, c'est la réflexion essentiellement politique sur le « bon gouvernement » qui inclut l'analyse du commerce, de la monnaie ou du travail, qui ne fait pas l'objet d'une science autonome.

De nos jours, le mot caractérise une réflexion d'ambition scientifique sur les échanges, le travail, les revenus et la production à l'échelle d'un territoire ou d'une entité politique. Quand il s'agit de l'économie d'une famille ou d'une entreprise, on parlera plutôt de « gestion ».

Qu'est-ce que la « science économique », plus précisément ?

À partir du XVIIe siècle, et surtout du XVIIIe siècle, un certain nombre de penseurs comme John Locke (1632-1704), puis François Quesnay (1694-1774) et Adam Smith (1723-1790) affirment que les problèmes économiques méritent de faire l'objet d'une science distincte. Au départ, ils dénomment celle-ci « économie politique », puis, avec leurs successeurs, le terme glisse peu à peu vers « sciences économiques ». Au XIXe siècle en effet, on se préoccupe beaucoup de construire des sciences et des savoirs positifs.

Le terme d'« économie » peut être défini par son contenu : il désigne la science qui cherche à comprendre comment sont produites et distribuées les richesses dans une société. Celle-ci part du problème de la rareté des biens par rapport aux besoins et aux désirs des individus, et cherche comment en produire le maximum à partir de ressources limitées, ainsi qu'à déterminer les meilleures règles de distribution des revenus.

LES PREMIERS DÉBATS

Qu'est-ce que le courant mercantiliste ?

Le courant mercantiliste se développe avec l'apparition des États-nations. Dans des royaumes comme la France ou l'Angleterre, les rois parviennent peu à peu, du XVIe au XVIIIe siècle, à construire des bureaucraties qui contrôlent et appliquent des lois sur un grand territoire. Les États se veulent l'autorité suprême, en opposition avec la noblesse et l'Église. Pour nombre des premiers théoriciens de l'« économie politique », le commerce extérieur apparaît alors comme le domaine où s'analyse l'enrichissement des États les uns par rapport aux autres. L'enjeu principal est de savoir si, en faisant du commerce, l'État s'enrichit ou s'appauvrit.

Les mercantilistes affirment que si la balance commerciale est « défavorable », c'est-à-dire si un État importe de l'étranger plus de biens qu'il n'en exporte, il doit payer l'excédent d'importation en argent et s'appauvrit donc. Ils proposent de développer les exportations (par des aides) et de limiter les importations (par des droits de douane) afin d'accumuler des excédents, et donc l'argent ou l'or. À l'époque, on parle d'« argent » au sens premier du terme, celui qui désigne le métal précieux servant tant pour frapper la monnaie que pour constituer des trésors qui permettent, en particulier, de financer la guerre. Selon les mercantilistes, plus la quantité de métaux précieux est importante à l'intérieur d'un État, plus le commerce s'en trouvera facilité ; les gens vont pouvoir échanger davantage, ce qui va enrichir le pays ; ainsi, celui-ci aura plus de chance de gagner la prochaine guerre.

?

Les premiers États-nations qui apparaissent – Angleterre, Espagne, France, Portugal – se caractérisent par la surimposition des frontières politiques avec les communautés nationales, à la différence de l'Italie ou de l'Allemagne (où la communauté culturelle nationale est morcelée en de nombreuses entités politiques).

En quoi la pensée classique s'oppose-t-elle au mercantilisme ? Quel est l'apport de cette pensée ?

Au XVIIIe siècle apparaît une nouvelle pensée économique qui modifie la manière d'appréhender le commerce extérieur. On se demande alors si un État ne peut s'enrichir qu'en appauvrissant ses voisins, comme le prônent les mercantilistes, puisque les pays ne peuvent pas avoir tous simultanément un excédent commercial. Adam Smith, le plus connu des économistes classiques, répond dans son ouvrage sur *La Richesse des Nations* (1776) que le commerce enrichit tous ceux qui y participent. Si deux personnes échangent, c'est qu'elles y trouvent chacune leur intérêt ; si on les empêche d'échanger, leurs gains et leur bien-être vont diminuer. Cela est vrai, selon lui, tant pour les États que pour les personnes.

Recherches sur la nature et les causes de la richesse des nations (Flammarion, 2009).

Pour expliquer sa thèse, Adam Smith s'appuie sur la notion d'avantage absolu. Pouvez-vous la détailler ?

Si deux pays échangent, c'est parce que chacun a une spécialité. Si les Français font mieux le fromage et les Anglais le whisky, les premiers vont importer du whisky et exporter du fromage. Tous deux en bénéficient, de sorte qu'il serait absurde d'empêcher les échanges. Le raisonnement peut s'étendre à beaucoup de biens et de pays. Tous les économistes classiques, A. Smith, David Ricardo puis John Stuart Mill défendent donc une position libérale ou libre-échangiste qui se résume par la maxime « laisser faire, laisser passer ». Celle-ci s'oppose à la position mercantiliste qui justifiait l'intervention de l'État dans le commerce extérieur, par le biais de droits de douane ou de prohibitions, non pour l'intérêt des personnes, mais pour celui de l'État. Les classiques, en libéraux, affirment que l'intérêt des particuliers doit prévaloir, ou que celui de l'État n'est autre que la somme de ceux des individus.

Quel est le deuxième apport de cette pensée classique ? Le marché peut-il se réguler par la « main invisible » ?

Dans la pensée classique, effectivement, apparaît l'idée que le marché permet l'harmonisation spontanée des intérêts des individus, c'est-à-dire que la liberté des échanges entre individus permet le bon fonctionnement de l'économie sans intervention de l'État. Selon A. Smith, si on laisse les choses se faire spontanément, la liberté d'échanger va conduire chacun à se spécialiser dans ce qu'il fait le mieux, ce qui lui permettra d'avoir le plus haut revenu pour son travail mais aussi de produire le maximum de richesse (puisqu'il produit ce qui est rare pour les autres). En outre, la concurrence entre tous ceux qui offrent un produit ou un service conduit naturellement à l'abaissement de son prix pour les consommateurs jusqu'au coût de production, en dessous duquel les producteurs perdraient de l'argent et disparaîtraient. La distribution des revenus qui résulte de cette liberté d'échanger et de produire conduit à rémunérer justement les efforts de chacun et à éviter les rentes injustifiées. Cette vision optimiste du fonctionnement des marchés est développée par les classiques et tous les libéraux du milieu du XVIIIe à nos jours. Elle est symbolisée par le terme de « main invisible », aujourd'hui synonyme de « marché efficace » pour les libéraux.

« [Chaque individu] en dirigeant [son] industrie de manière à ce que son produit ait le plus de valeur possible, [...] ne pense qu'à son propre gain ; en cela, comme dans beaucoup d'autres cas, il est conduit par **une main invisible** à remplir une fin qui n'entre nullement dans ses intentions ; et ce n'est pas toujours ce qu'il y a de plus mal pour la société, que cette fin n'entre pour rien dans ses intentions. Tout en ne cherchant que son intérêt personnel, il travaille souvent d'une manière bien plus efficace pour l'intérêt de la société, que s'il avait réellement pour but d'y travailler. » Adam Smith, *Recherche sur la nature et les causes de la richesse des nations*.

LA RÉVOLUTION INDUSTRIELLE

Qu'est-ce que le capitalisme ?

A. Smith décrit une économie dans laquelle il existe une production artisanale, une production agricole et des marchands. Au moment de ses écrits et quelque peu après, la révolution industrielle commence en Angleterre : on assiste alors à la concentration de la production de certains biens (en particulier du textile) dans des usines. Jusqu'alors, il y avait essentiellement des artisans qui fabriquaient des outils, s'en servaient, les usaient, en construisaient d'autres, etc. Lors de

?

Détour de production : le terme est dû à Friedrich Hayek, économiste autrichien du début du XXe siècle, et signifie que pour réduire les coûts de production, il convient de faire un détour par la production de biens (les machines) permettant de produire plus efficacement. Au-delà, il y a les machines pour produire ces machines, et ainsi de suite.

la révolution industrielle apparaissent des usines équipées de machines très lourdes et très onéreuses : c'est le début de l'accumulation de capital (tout ce qu'il est nécessaire de détenir pour mettre en marche la production : usines et machines en particulier). Avec l'importance accrue des machines, leur production est désormais plus souvent séparée et réalisée par des entreprises spécialisées, ce qui renforce l'innovation dans leur production. On parlera à cet égard d'un « détour de production ». Le rôle accru du capital conduit à donner à cette forme de production le nom de « capitalisme ». Karl Marx, un économiste et philosophe allemand né en 1818, est le premier à analyser ce phénomène qu'il observe en Angleterre. Selon lui, cette révolution est dramatique, car, pour accumuler tout ce capital, on exproprie le travail des ouvriers ; on les exploite. D'un côté, certains s'enrichissent en vendant les biens qui sont fabriqués de manière moins onéreuse grâce au capital, sorte de travail accumulé et enfermé dans des machines, et, de l'autre, les ouvriers se font mettre au chômage à cause de ces mêmes machines. K. Marx observe que, pendant la première moitié du XIXe siècle, on accumule beaucoup de capital et que les salaires des ouvriers baissent. Le philosophe qu'il est soutient que toute la valeur est, au fond, produite par du travail et que le capital n'a pas d'existence indépendante du travail. Tout en reconnaissant les mérites du capitalisme en termes d'innovation et d'enrichissement, il affirme que le capitalisme, laissé à lui-même, conduit à des inégalités insupportables du fait de l'exploitation des prolétaires (les travailleurs qui n'ont d'autre richesse que leur travail) par les capitalistes (les propriétaires du capital). Selon lui, seule une révolution – comme il a vu les Français la faire en 1848 – peut mettre fin à cette exploitation. Certains de ses successeurs socialistes prôneront plutôt la nationalisation des entreprises.

La Révolution industrielle. Gravure du XIXe siècle représentant une usine de cuivre au Pays de Galles (Grande-Bretagne).

La pensée de Karl Marx est-elle devenue obsolète ou trouve-t-on encore sa prolongation dans les idées actuelles ?

K. Marx a été critiqué pour plusieurs raisons : même s'ils ont baissé pendant la première moitié du XIXe siècle (ce qui est discuté), les salaires des ouvriers ont augmenté par la suite, contrairement à ce qu'il prédisait, tout simplement parce que la demande pour leur travail a augmenté. Des incohérences dans sa théorie de l'exploitation ont aussi été mises en évidence. Mais certaines questions qu'il a soulevées restent fortes, parce que K. Marx se place dans une tradition philosophique et religieuse très ancienne, qui s'interroge sur le fait que des gens riches puissent gagner de l'argent sans travailler. Aristote avait essayé de distinguer différentes sortes de richesses : la terre, qui est naturellement productive (de récoltes), comme les immeubles, qui fournissent le logement. Le métier du tisserand lui permet d'accroître son revenu, mais dépend de son travail. L'argent en revanche ne serait pas naturellement productif.

Cette réticence envers le fait que l'argent puisse rapporter des intérêts sans travail de son détenteur est présente dans la pensée philosophique et religieuse depuis l'Ancien Testament.

Karl Marx, dans cette perspective, essaie d'étendre la notion d'illégitimité du revenu de l'argent au capital industriel, en affirmant que seuls ceux qui travaillent avec le capital produisent la richesse et doivent se la partager. Inversement, les néoclassiques vont étendre la légitimité du gain du capital foncier et industriel à toutes les formes de capital, y compris l'argent, en affirmant que prêter de l'argent revient au même que louer une terre : cela rapporte un intérêt dans tous les cas, car cela permet la production.

L'ÉCONOMIE NÉOCLASSIQUE

Qu'est-ce que le courant néoclassique ?

Les économistes néoclassiques écrivent entre 1870 et 1914 ; on compte parmi eux le Français Léon Walras, les Anglais Stanley Jevons et Alfred Marshall, ainsi qu'un Italien, Vilfredo Pareto. Ils veulent faire de l'économie une science rigoureuse ; ils y introduisent l'utilisation des mathématiques. En particulier, ils s'inspirent de la thermodynamique, une des grandes sciences du XIXe siècle, en analysant l'économie comme un mécanisme d'équilibre : si l'on vend trop cher, la demande diminue, et si l'on baisse les prix, la demande va augmenter.

Si l'on augmente le prix auquel on achète à un producteur, il va produire plus ; si l'on baisse le prix, il va produire moins, et ainsi de suite. Toutes les variables économiques sont sensibles aux prix et s'ajustent ensemble grâce à leurs variations : si un prix est trop haut, il y a un excès de production mais plus assez de consommateurs, alors que si on le fait baisser peu à peu, on atteint un équilibre entre la demande des consommateurs et la fabrication des producteurs.

Mais certains cas posent problème. L. Walras, qui est socialiste, se soucie spécialement du cas du monopole. Quand une entreprise est seule à pouvoir vendre un produit (que ce soit à cause d'une ressource naturelle rare, comme une mine, ou d'une innovation), elle peut fixer le prix qui lui permet de tirer le maximum de bénéfice de cette situation. L. Walras montre que ce prix est supérieur à celui qui résulte de la concurrence tandis que la production vendue est inférieure, et que, dans ce cas-là, le marché libre ne constitue pas la meilleure solution pour les consommateurs, ni pour la société dans son ensemble. Il met ainsi un bémol au discours des classiques, sans aller jusqu'à la position radicale de K. Marx, en affirmant que l'État doit intervenir dans certaines situations, et notamment dans les chemins de fer. Ceux-ci sont en effet des monopoles naturels : comme la construction d'une ligne entre deux villes coûte très cher, il serait absurde, une fois qu'il en existe une, d'en construire une deuxième plutôt que de faire passer beaucoup plus de trains sur la première. Mais le propriétaire de cette ligne peut alors vendre les places très chères et bénéficier d'une rente de monopole. Selon L. Walras, il faut que l'État intervienne, achète la ligne et vende les tickets au prix qui permettra juste de rembourser les coûts, ce qui donnera la meilleure solution du point de vue collectif.

Portrait de l'économiste français Léon Walras (1834-1910).

CRISES ET KEYNÉSIANISME

Qu'est-ce qu'une crise économique ?

Au XIXe siècle, les gens s'aperçoivent que l'économie subit des crises. À certains moments, des difficultés s'accumulent soudain : des entreprises font faillite et licencient ; le chômage augmente ; les revenus baissent ; la population s'appauvrit, achète moins ; d'autres entreprises ferment ; le chômage augmente encore, etc. L'économie se trouve alors dans un cercle vicieux. Longtemps, on a considéré que les crises étaient liées aux mauvaises récoltes dans l'agriculture, elles-mêmes dues à des raisons météorologiques. Mais, à partir du milieu du XIXe siècle, l'agriculture perd de son importance, et l'industrie prend le pas. Beaucoup d'argent est investi pour acheter des machines, des usines, et de nombreuses entreprises produisent la même chose en même temps. Il n'y a pas assez de demande pour toutes : une partie des usines fait faillite, et les ouvriers se retrouvent au chômage. K. Marx se demande dès lors si ces crises ne résultent pas des contradictions du capitalisme qui appauvrit toujours les pauvres et enrichit des riches qui ne peuvent pas consommer davantage, ce qui limite la demande.

Plus largement, un débat oppose ceux qui voient dans les crises la preuve d'un dysfonctionnement du capitalisme et ceux qui y voient un phénomène naturel et ponctuel de fluctuations, qu'on peut au mieux atténuer mais non supprimer. Cette dernière position est d'abord défendue au XIXe siècle par le Français Clément Juglar, qui construisit les premières représentations graphiques des fluctuations économiques et montra leur régularité. Cette interprétation positive est théorisée par Joseph Schumpeter, un économiste autrichien de la première moitié du XXe siècle. Selon lui, les crises sont désagréables, mais sont la conséquence nécessaire de l'innovation. Quand quelqu'un invente une nouvelle manière de faire quelque chose, qui se révèle meilleure qualitativement et beaucoup moins chère, tous ceux qui fabriquaient la même chose avec une méthode plus coûteuse et moins efficace font faillite. En un sens, ce sont les innovations qui créent des crises. Cette lecture est dominante jusqu'à la crise de 1929 : en période de crise, les gouvernements attendent essentiellement que l'économie s'ajuste toute seule et, au mieux, développent des politiques sociales d'aide aux plus démunis ou d'assurance chômage.

Puis arrive la crise des années 1930, qui débute à la fin de 1929 et dure, dans un certain nombre de pays, jusqu'à la Seconde Guerre mondiale. Elle est beaucoup plus longue et plus profonde que les précédentes : les revenus baissent pendant trois ou quatre ans sans interruption. Dans beaucoup de pays, en 1935, voire en 1940, le revenu est inférieur à celui de 1929. Au début de 1933, aux États-Unis ou en Allemagne, pratiquement un tiers des gens sont au chômage, et les revenus ont baissé de 30 à 40 %. Face à cette situation exceptionnellement grave, qui touche beaucoup d'États, on voit s'affronter deux groupes radicalement différents : les libéraux, qui dominaient jusque-là et pensent qu'il faut attendre, et les étatistes, dont les plus radicaux prônent des solutions comme la nationalisation de toutes les entreprises ou le contrôle de l'économie par l'État, sur le modèle de l'Union soviétique, seul pays qui ne semble pas alors connaître la crise. Ce modèle inspire Hitler en Allemagne, où l'État devient totalitaire et oriente toute l'économie vers la guerre, même s'il laisse une part importante de la direction des entreprises (et des revenus) au patronat. Il en est de même au Japon.

La Grande Dépression aux États-Unis a vu l'explosion du chômage, dans les années 1930.

Une intervention systématique de l'État lors d'une crise économique constitue-t-elle un remède ?

Dans d'autres pays, il y a une hésitation, et c'est là qu'émerge une figure importante, proposant une synthèse entre les deux : John Maynard Keynes. Cet économiste anglais affirme que la théorie libérale marche bien, sauf dans des circonstances très particulières comme celle-ci, où le mécanisme naturel d'équilibre mis en évidence par les économistes précédents se bloque. J. M. Keynes essaie de montrer que l'État peut intervenir sans tout nationaliser, en agissant sur deux choses : la politique monétaire et la politique budgétaire, qui sont deux politiques macroéconomiques.

Un État peut-il intervenir sur l'économie en utilisant la monnaie ? Ou en investissant, en créant des routes, par exemple ?

La politique monétaire est menée par une banque centrale, qui fait varier la quantité et le prix de l'argent (le taux d'intérêt). Quand l'économie se porte mal, la banque centrale crée de la monnaie qu'elle prête aux banques à un taux faible de manière à ce que celles-ci puissent prêter davantage aux entreprises et aux particuliers. Grâce à cela, ceux-ci peuvent investir ou consommer davantage, ce qui crée des emplois et relance l'activité économique.

La politique budgétaire s'appuie sur le budget de l'État. En période de crise, l'État peut dépenser plus que ses recettes (et donc avoir un déficit budgétaire) en empruntant la différence. Ces dépenses permettent de remplacer celles des particuliers et des entreprises, dont les revenus sont affectés par la crise, et qui ne peuvent donc plus dépenser autant. Elles créent une demande, ce qui permet aux entreprises de relancer leur production, et ainsi de créer des emplois et de nouveaux revenus.

Selon J. M. Keynes, dans les années 1930, l'État doit utiliser cette politique budgétaire, car les industriels qui considèrent les perspectives comme trop mauvaises n'osent plus investir. Les épargnants sont prêts à confier leur argent à l'État parce qu'ils ne craignent pas qu'il fasse faillite comme une entreprise. C'est donc l'État qui peut, provisoirement, se substituer aux entreprises pour investir et relancer l'activité.

Selon J. M. Keynes, la politique budgétaire doit, comme la politique monétaire, rester une politique conjoncturelle, c'est-à-dire que la politique monétaire ou la politique budgétaire expansionniste (faite pour relancer l'activité) doivent être utilisées exclusivement lorsque l'économie est en crise. Quand elles se portent bien, l'État doit avoir une politique neutre ou même restrictive (réduire la quantité de monnaie ou avoir un excédent budgétaire).

Que s'est-il passé pendant les Trente Glorieuses (1945-1973) ?

On appelle « Trente Glorieuses » les trente années de croissance rapide qui suivent la Seconde Guerre mondiale dans la plupart des pays européens. La croissance des revenus et de la production atteint les taux les plus élevés historiquement : de 4 % à 5 % de croissance par an. Pendant cette période, les économies européennes, et même américaines, se caractérisent par une assez forte intervention de l'État. En France par exemple, le Commissariat au plan définit un programme d'investissements cohérents pour toutes les activités, qui doit obligatoirement être respecté par les entreprises publiques, lesquelles dominent en particulier l'énergie et les transports, et souvent par les entreprises privées elles-mêmes ; le ministère des Finances contrôle largement l'allocation du crédit par les banques et plus encore celui qu'octroient d'importants établissements financiers publics, et donc décide largement des entreprises qui peuvent investir. Mais pourquoi y a-t-il eu cette croissance extrêmement rapide ? Une des lectures possibles (proposée en France par Robert Boyer) est que, grâce aux systèmes de sécurité sociale qui donnaient des revenus aux chômeurs, aux retraités, aux malades, etc., l'État a rendu plus égalitaire la distribution des revenus. Dès lors, plus de gens consomment, ce qui accroît et régularise la demande et favorise la croissance en rendant l'investissement privé moins risqué. Une autre lecture (proposée par Jean Fourastié) soutient que les innovations mises en place entre 1914 et 1945 n'avaient jamais été exploitées à cause des deux guerres mondiales. Les Trente Glorieuses seraient juste les années de « rattrapage » de ce retard. Mais cette explication n'est pas entièrement satisfaisante, car elle ne dit pas pourquoi, à un moment donné, on est *capable* de rattraper le retard.

? Économiste français (1907-1990) à l'origine de l'expression « les Trente Glorieuses ».

Pourquoi les Trente Glorieuses se sont-elles arrêtées ?

Dans les années 1970, se produit une rupture très brutale : on passe, partout et en même temps, d'un rythme de croissance de 4 % à 5 % par an à un rythme de 2 %. On a proposé deux grandes explications à cette rupture.

La première est la crise pétrolière. La croissance reposait beaucoup sur l'énergie venant du pétrole, et la consommation de celui-ci avait énormément augmenté. Par conséquent, les pays qui en produisaient en grande quantité, au Proche- et au Moyen-Orient, avaient acquis un fort pouvoir sur l'économie mondiale. En 1973, ils décidèrent d'augmenter soudainement le prix du pétrole, qui quadrupla en quelques mois. Les pays consommateurs durent donc exporter quatre fois plus vers ces pays pour payer leur pétrole et consommer moins pour pouvoir exporter des biens. Cela a impliqué de réduire les revenus et a engendré un fort ralentissement de la croissance. L'OPEP a réitéré cette hausse des prix en 1979.

L'autre explication est celle d'un économiste américain nommé Milton Friedman, qui expliquait que le problème provenait d'un dérèglement monétaire, et plus précisément du développement de l'inflation, de cette augmentation soutenue et permanente du niveau général des prix (c'est-à-dire de la moyenne des prix de tous les biens). En effet, depuis la fin des années 1960 et surtout dans les années 1970, l'inflation était assez importante, de l'ordre de 10 % de hausse des prix chaque année, davantage dans certains pays.
Selon M. Friedman, l'inflation empêche les entreprises comme les particuliers de prévoir correctement l'avenir et les amène à réduire leur activité ; il faut donc lutter contre elle autant que contre la déflation (la baisse généralisée de tous les prix qui, selon lui, était la vraie cause de la crise de 1929). Pour l'économiste, l'inflation résulte de politiques monétaires trop expansionnistes qui créent une quantité excessive de monnaie, ce qui conduit les entreprises et les particuliers à s'en méfier et à préférer des biens réels, ce qui mène à une hausse des prix. La solution est de convaincre tout le monde que désormais les prix seront stables, en adoptant une politique monétaire très restrictive jusqu'au moment où les prix cesseront d'augmenter. C'est ce qu'ont fait Margaret Thatcher en Grande-Bretagne et Ronald Reagan aux États-Unis, provoquant une forte récession au début des années 1980, mais mettant effectivement fin à l'inflation.

Portrait de l'économiste américain Milton Friedman (1912-2006).

Est-ce que la crise actuelle est comparable à celle de 1929 ?

La crise économique qui commence en 2008 est d'origine financière. Elle démarre dans les activités des banques et sur les marchés financiers où s'échangent quotidiennement des quantités très importantes d'actions et d'obligations. Ces marchés connaissent occasionnellement des crises très spécifiques, que l'on appelle « crises boursières » ou « financières » : soudain, pour une raison pas toujours bien connue, la plupart des gens pensent que le prix des titres va baisser ; plus personne ne veut en acheter, et leurs prix s'effondrent. À ce moment-là, un phénomène très spécifique se produit : beaucoup de personnes sont ruinées, car nombre d'entre elles

?

Action : titre représentant une part du capital d'une entreprise et donnant droit à un revenu annuel appelé « dividende ».

?

Obligation : titre représentant une dette d'une entreprise ou d'un gouvernement envers son détenteur, et donnant droit à un intérêt annuel pour ce dernier.

achètent des titres uniquement en empruntant. Si l'on perd et qu'on a emprunté, non seulement on perd, mais on doit aussi rembourser le prêteur. Si une entreprise ne peut pas rembourser, elle fait faillite, et tous ses salariés se retrouvent à la rue. Dans un certain nombre de cas, non seulement une entreprise a acheté des titres en s'endettant, mais celle qui lui a prêté s'est éventuellement endettée pour lui prêter, et ainsi de suite. En effet, les institutions financières, surtout les banques, passent leur temps à prêter de l'argent aux autres agents économiques (entreprises, particuliers) mais aussi à s'en prêter entre elles. Lors d'une crise grave, on risque de voir les institutions financières faire faillite les unes après les autres. Elles cessent alors de prêter aux entreprises, qui en ont besoin pour vivre et qui font donc aussi faillite, ce qui transforme une crise financière en crise économique.

En quoi peut-on dire que l'intervention de l'État dès 2008 fait référence à un renouveau des pensées keynésiennes ?

M. Friedman, qui a soutenu que la faillite des banques était à l'origine de la crise de 1929, a été beaucoup évoqué en 2008, spécialement par un de ses élèves, Ben Bernanke, qui était alors le patron de la banque centrale des États-Unis (la Federal Reserve, ou FED). Celui-ci a souligné que les crises financières ont des conséquences sur toute l'économie ; en 2008, il en a déduit qu'il fallait sauver les banques à n'importe quel prix. De fait, à l'exception d'un très petit nombre de banques au début de la crise (principalement Lehman Brothers aux États-Unis), les systèmes bancaires ont tous été sauvés, soit parce que l'État a nationalisé des banques (en particulier en Grande-Bretagne) ou garanti qu'elles ne feraient pas faillite, soit surtout parce que les banques centrales ont prêté, en très grande quantité et à un taux d'intérêt très faible, de l'argent aux banques.

Parallèlement à cette politique monétaire, les États ont aussi tenté d'éviter une crise économique profonde en pratiquant une politique budgétaire très expansionniste, avec des déficits publics qui ont parfois atteint 10 % du PNB, un montant jamais atteint précédemment en temps de paix. Aujourd'hui, cette politique est remise en cause par le fait que les dettes publiques (qui résultent des déficits financés par l'emprunt) se

? Produit National Brut.

sont accumulées jusqu'à un niveau jugé trop élevé par beaucoup, tandis que la croissance n'est pas revenue.

Existe-t-il à l'heure actuelle un renouveau dans la pensée économique ? Ou assiste-t-on seulement à des adaptations des pensées anciennes ?

On peut voir de nombreuses améliorations concernant certains points particuliers des anciennes théories économiques, voire de nouvelles idées, mais en matière de lutte contre la crise on ne peut pas parler de perspectives réellement novatrices. En un sens, la seule véritable alternative complète à l'économie de marché est le système soviétique. Cela peut fonctionner dans des économies où la quantité de biens produits et les processus de production sont suffisamment simples pour qu'une bureaucratie efficace puisse contrôler l'ensemble. Dans des économies très sophistiquées comme la nôtre, où l'innovation renouvelle en permanence les produits et les modes de production, et où il existe des milliers de variétés pour chaque catégorie de biens, tout surveiller et tout prévoir est impossible. C'est d'ailleurs la critique la plus radicale que faisaient à la planification les économistes autrichiens Friedrich Hayek ou Ludwig von Mises dans les années 1950, à un moment où l'interventionnisme de l'État et sa tentation de nationaliser étaient importants.

Aujourd'hui, après la débâcle de l'URSS et la crise profonde de 2008, c'est la solution keynésienne qui domine : on intervient au niveau macroéconomique (comportement de l'économie dans son ensemble) et non au niveau microéconomique (comportements individuels), au niveau de variables très générales comme le taux d'intérêt de la banque centrale ou le budget, et l'on fait comme si cela n'avait pas des effets inégaux selon les individus mais seulement un effet sur l'économie dans son ensemble. On sait pourtant que c'est une fiction, car la frontière entre micro et macroéconomie est très poreuse, ce qui fait que les justifications des interventions étatiques peuvent toujours être remises en cause au nom de leurs effets sur tel ou tel groupe.

Peut-on faire le lien avec les institutionnalistes ?

Oui et non. Les institutionnalistes, comme Oliver Williamson ou Douglass North, considèrent dans les années 1970 que les institutions, le système politique et un certain nombre d'institutions économiques ont des effets réels et durables sur le fonctionnement de l'économie, en particulier en orientant et en canalisant les comportements individuels. À l'opposition keynésienne un peu brutale État/agent individuel, ils substituent une vision plus nuancée, importante pour comprendre sur quelles institutions l'État peut s'appuyer pour mener ses politiques, tant en termes politiques qu'économiques. D'un autre côté, les institutionnalistes développent une pensée plus structurelle et moins conjoncturelle de l'économie que J. M. Keynes. Ils pensent que de bonnes institutions permettent plus de croissance et d'égalité des revenus, mais pas forcément moins de crises, même si cela peut faire partie des effets.

Caricature américaine de Otto Soglow, montrant un capitaliste pendu après le krach boursier du jeudi noir en 1929.

Comment sortir de la crise ?

Les libéraux pensent que cela va se faire tout seul. Pour ceux qui pensent que l'État peut agir, plusieurs difficultés se présentent. La première est d'identifier la situation présente. L'économie d'un pays est l'addition de situations de personnes. Avec les instruments existants (les statistiques publiques construites à partir d'enquêtes auprès des entreprises, des administrations et des particuliers), il faut du temps pour observer la situation exacte de l'économie, auquel s'ajoute parfois – comme aujourd'hui – un délai pour établir un diagnostic et décider de ce qu'il faut faire. En outre, il faut entre six mois et un an pour légiférer, même pour un gouvernement dynamique. On agit alors parfois de manière trop tardive. Deuxième difficulté : beaucoup d'activités nouvelles internationales (le commerce sur Internet, par exemple, mais aussi beaucoup d'activités financières) sont mal observées et échappent aussi à l'action des États, qui ont du mal à les contrôler comme à les taxer. Enfin, dernière difficulté importante : l'internationalisation de l'économie fait que l'action devrait être menée de manière concertée et coordonnée entre tous les pays, ce qui est très difficile à réaliser. C'est pourquoi les politiques monétaires ou budgétaires comme les réformes institutionnelles (par exemple, celles qui concernent les marchés financiers) ne sont pas toujours mises en place comme il le faudrait. C'est donc en partie sur l'information économique et sur la coordination internationale qu'il faudrait progresser pour sortir vraiment de la crise.

Peut-on prévenir les crises ?

En un sens, on sait qu'on pourrait éventuellement les prévenir, en réglementant énormément l'économie, et en particulier l'activité financière qui se trouve souvent à l'origine des excès qui produisent les crises. Le problème est de savoir à quel coût : en appliquant une réglementation très forte, n'empêcherait-on pas l'innovation et la croissance ? On essaie toujours de trouver le meilleur arbitrage entre ces deux pôles : laisser libre cours à l'innovation et à la spéculation, avec les risques de destruction qu'elle implique, ou fortement contrôler pour réduire les risques et les faillites au risque d'étouffer l'innovation. La seule chose sur laquelle la plupart des économistes s'accordent – mais il faut dire que ce sont, pour la plupart, des professeurs –, c'est sur la nécessité de former les jeunes et de soutenir l'innovation. L'innovation soutient à long terme la croissance, et ses effets de court terme sur l'emploi *via* les crises et les restructurations sont d'autant plus faibles que la main d'œuvre est plus adaptable et capable d'absorber rapidement les innovations. Tous les gouvernements y travaillent, mais planifier l'éducation est aussi difficile que de prévoir l'innovation, et les délais nécessaires pour former la population sont longs. On n'échappera donc pas aux crises, mais on peut espérer en sortir plus vite et en meilleure situation pour profiter des possibilités de croissance qu'ouvrent aujourd'hui les grandes transformations du monde.

GLOSSAIRE PAR IGOR MARTINACHE

Action 10, 16, 31-32, 66, 101

Titre de propriété d'une société de capitaux* qui confère à son détenteur un droit de vote sur sa gestion ainsi que la perception d'une partie des bénéfices éventuels (appelés « dividendes »). L'un et l'autre sont proportionnels au nombre d'actions détenues par leur propriétaire par rapport au total émis par la société. Les actions sont librement cessibles, et leur cours varie suivant l'évolution de leur demande et de leur offre.

Agent rationnel

Concept sur lequel repose l'hypothèse centrale de la théorie néoclassique – courant aujourd'hui dominant dans le champ académique –, selon laquelle les individus ou firmes effectueraient en toute situation des choix basés sur des calculs visant à obtenir un bénéfice maximal pour un coût minimal.

Aristote 90, 95

Philosophe grec du IVe siècle av. J.-C. Selon lui, l'homme est un « animal politique », c'est-à-dire qu'il est voué à vivre en société et à organiser celle-ci. Aristote a notamment posé les bases de l'économie en la distinguant de la « chrématistique », l'art de s'enrichir, qu'il condamne car elle met en danger la vie commune en faisant de l'argent un moyen plutôt qu'une fin.

Autorité de la concurrence 28

Agence publique ou parapublique dont le rôle est de veiller à ce que les règles de la concurrence soient bien respectées par les acteurs économiques et, en particulier, à ce que ceux-ci n'organisent pas d'ententes ou de cartels illicites entre eux ni n'acquièrent une position dominante sur un marché* (monopole ou oligopole).

Avantage absolu 76-77

Situation d'un agent économique (nation ou entreprise) qui, pour une production donnée, se montre plus efficace que ses concurrents. Selon Adam Smith*, un pays a ainsi intérêt à se spécialiser dans les productions pour lesquelles il possède un avantage absolu, et, au contraire, à importer les biens ou services de pays qui, par rapport à lui, en possèdent un autre.

Avantage relatif 76-77

Dans la théorie d'Adam Smith*, une nation n'a pas intérêt à échanger avec une autre si elle se révèle plus productive qu'elle en toute production. C'est une idée qu'a contestée David Ricardo* en avançant que, dans ce cas de figure, les nations considérées avaient malgré tout intérêt à l'échange, en se spécialisant chacune dans les productions pour lesquelles elles étaient relativement plus productives, autrement dit où elles possédaient un avantage relatif. Ainsi, la production globale augmente au profit des consommateurs de chaque nation.

Paul Bairoch (1930-1999) 81

Historien belge de l'économie qui s'est notamment intéressé aux conditions du décollage économique. Il a, entre autres, mis en évidence le rôle primordial d'une « révolution » agricole, amenant une hausse importante des rendements, dans le développement industriel. Il a montré que le décollage des pays « riches » – les États-Unis, par exemple – s'était accompagné de politiques protectionnistes* volontaristes, ce qui contredit l'association courante faite entre croissance et libre-échange*.

Balance des paiements courants (ou balance courante) 83, 91

Elle se compose de la balance commerciale, qui se calcule en retranchant la valeur totale des importations de biens à celles des exportations, et de la balance des invisibles, qui se calcule en faisant le solde des échanges de services, des transferts courants (aides, dons, etc.) et des autres revenus (salaires, dividendes, etc.) versés et reçus par les agents résidents. Elle est elle-même une partie de la balance des paiements, qui récapitule l'ensemble des flux entre agents résidents et non-résidents dans une économie.

Banque 17-19, 29, 31-32

Type de société spécialisée dans le financement de l'économie. On distingue deux grands types de banques en particulier : les banques commerciales, ou de dépôts, qui recueillent les dépôts à court terme des agents dits « à capacité de financement » (ceux qui épargnent car leurs revenus sont supérieurs à leurs dépenses) et accordent des prêts à plus ou moins long terme aux agents dits « à besoin de financement ». Comme tous les déposants ne viennent pas retirer leurs fonds en même temps, le montant des prêts accordés dépasse celui des dépôts en réserve, ce qui confère à ces banques un pouvoir de création monétaire. L'autre catégorie est constituée par les banques dites « d'affaires ou d'investissement », dont l'activité consiste à conseiller d'autres entreprises dans leurs montages financiers (rachat ou fusion avec d'autres entreprises notamment). Lorsqu'un établissement exerce les deux activités (ce qui est interdit dans certains pays), il est qualifié de « banque universelle ».

Banque centrale 19, 48-49, 82, 98, 102
Institution parapublique qui possède le monopole d'émission de la monnaie* fiduciaire (pièces et billets) dans une zone monétaire donnée et veille à la stabilité monétaire et financière. Le taux d'intérêt auquel elle prête aux banques commerciales se répercute ensuite sur tous les crédits* accordés et influence de ce fait l'évolution de la masse monétaire (la quantité de monnaie en circulation).

Bilan d'une entreprise 22
Document comptable qui récapitule à un moment donné ses « actifs » (tout ce qu'elle possède : immeubles, machines, liquidités, etc.) d'une part et de l'autre son « passif » (tout ce qu'elle doit à ses créanciers et à ses actionnaires).

Bourse 16, 60
Lieu réel ou virtuel dans lequel sont échangés des contrats standardisés appelés « actifs ». On en distingue généralement deux types : les Bourses de valeurs, où se négocient des titres de propriété (comme les actions*) ou de dettes (comme les obligations*), et les bourses de commerce, où s'échangent des titres portant sur des biens ou services, notamment des matières premières.

Budget 99, 103, dépliant 2
Document comptable qui récapitule les recettes et les dépenses d'un agent économique (ménage, société, État ou collectivité territoriale) durant une période donnée. Si le montant des recettes excède celui des dépenses, le budget est en excédent ; dans le cas contraire, il est en déficit.

Capital/capitaux 26, 28, 31-32, 43, 47, 59, 61-62, 66, 69-70, 74, 81, 86, 94-95
Notion renvoyant à de nombreux sens. En premier lieu, pour les économistes, le capital désigne, à côté du travail, l'autre grande catégorie de facteurs de production. Au sens plus large, les capitaux renvoient à un stock accumulé de ressources durables qui permettent de produire des revenus ou des services futurs. Certains auteurs distinguent ainsi le capital financier, le capital physique, le capital naturel, le capital humain, etc., et débattent des possibilités de les substituer entre eux. Au sens strict de son usage le plus courant, le capital est réduit à sa dimension de flux financiers, dont la circulation internationale est aujourd'hui la plus libéralisée par rapport à celle des marchandises ou des personnes. Le capital occupe également une place centrale dans l'analyse de Karl Marx*, pour lequel il constitue un rapport social. Il s'agit en l'occurrence d'un rapport d'exploitation du fait que les détenteurs exploitent les travailleurs en les rémunérant à une hauteur inférieure à la valeur de la production qu'ils réalisent.

Cluster 63, 67
Zone géographique où se concentrent un certain nombre d'entreprises spécialisées dans une même production présentant un certain caractère innovant. Cette proximité favorise des synergies qui confèrent un avantage aux entreprises ainsi mises en réseaux. L'exemple le plus célèbre est la Silicon Valley en Californie, qui rassemble de nombreuses sociétés développant de nouvelles technologies.

Comptabilité d'une entreprise
Activité consistant à enregistrer la situation et l'activité économique d'une firme. Elle produit deux documents obligatoires : le bilan*, qui constitue une photographie à une date donnée de l'ensemble des propriétés de l'entreprise (son actif) et de ses engagements (son passif), les deux étant nécessairement égaux ; et le compte de résultat, qui représente le « film » des recettes et des dépenses de la firme durant une période donnée.

Cooptation 70
Mode de recrutement consistant pour une assemblée donnée (comme le conseil d'administration d'une société) à choisir elle-même ses membres.

Corporate governance 60, 65
Expression traduite en français par « gouvernement d'entreprise », par laquelle on désigne l'ensemble des règles qui organisent la prise de décision au sommet des entreprises, et en particulier la place respective des actionnaires et des dirigeants salariés mais aussi la place des autres parties prenantes (représentants des salariés, créanciers, fournisseurs, collectivités locales voisines, etc.).

Crédit 15, 17-18, 29, 33, 100
Action par laquelle un agent économique (le créancier) met à disposition d'un autre (le débiteur) une certaine somme d'argent pour une certaine durée en échange d'une rémunération (les intérêts).

Crise 14, 22, 30-31, 33, 37, 43, 45, 49, 54, 96-102, 104-105, dépliant 12

Notion qui peut recevoir de multiples définitions selon les auteurs, mais qui désigne en général le moment de retournement lors d'un cycle économique, où prend fin une période d'expansion remplacée par une récession* plus ou moins forte, qui se traduit notamment par un ralentissement de l'activité économique et une montée du chômage.

Croissance endogène 47, 53

Idée développée par certains auteurs, selon laquelle la dynamique de la croissance économique permettrait de développer les facteurs de sa poursuite, à travers le progrès technique, l'élévation du niveau d'éducation de la population, l'intervention des pouvoirs publics ou les rendements d'échelle*.

Croissance extensive dépliant 5

Hausse de la production économique qui s'appuie principalement sur l'utilisation d'une plus grande quantité de facteurs de production (par exemple par la mise en culture de nouvelles terres ou l'utilisation d'une main-d'œuvre immigrée).

Croissance intensive 94, dépliant 5

Hausse de la production économique qui s'appuie principalement sur l'accroissement de l'efficacité productive plutôt que sur l'utilisation d'une plus grande quantité de facteurs de production.

Détour de production

Notion forgée par l'économiste autrichien Eugen von Böhm-Bawerk pour désigner le fait qu'un investissement coûteux et sans retour immédiat peut néanmoins permettre une augmentation durable de la productivité. C'est le cas, par exemple, si l'on construit un monte-charge plutôt que de porter à bras les meubles dans l'escalier.

Dette souveraine

Désigne un emprunt réalisé ou garanti par un État.

Dévaluation 76

Décision des autorités monétaires, qui consiste à diminuer la valeur externe de la monnaie par rapport à d'autres, son taux de change, ce qui a pour effet de favoriser les exportations des agents résidents de leur zone et de renchérir leurs importations.

Développement 42-44, 47, 51, 53, 78

Le développement désigne des changements structurels durables, qui accompagnent l'amélioration de la situation économique, sociale, sanitaire et éducative d'une population donnée. Le principal indicateur utilisé pour l'évaluer est l'IDH* (indice de développement humain), qui promeut une conception de la prospérité qui ne se réduit pas à la croissance du PIB*, même si certains en critiquent encore les lacunes.

Devise 85-86

Unité monétaire acceptée dans les règlements des échanges au niveau international. Toutes les monnaies ne sont pas, au sens strict, des devises. Les principales sont le dollar américain, l'euro, le yen japonais et yuan chinois.

Droits de douane 76, 78, 80-82, 91-92

Taxes instaurées sur les produits importés dans un pays donné. Ils constituent ainsi un instrument des politiques protectionnistes* à côté des barrières non tarifaires (quotas, réglementations spécifiques, etc.) et peuvent se révéler ressource essentielle pour le budget* de certains États.

Dumping 36, 67

Pratique consistant à vendre un produit à un prix inférieur à son coût de revient afin d'éliminer les concurrents. Considérée comme déloyale, elle est généralement interdite.

Économie politique 90

Terme par lequel les auteurs dits « classiques » – Adam Smith*, David Ricardo* ou Thomas Malthus, entre autres – désignaient leur réflexion, avant que les auteurs du courant « marginaliste » ne lui substituent l'appellation de « science économique » en entendant la doter de ses propres lois et la couper ainsi des autres disciplines des sciences sociales. Certains revendiquent aujourd'hui à nouveau l'appellation d'« économie politique » en réintroduisant dans leurs réflexions des dimensions historiques, géographiques, sociales et politiques.

Économie sociale 69-70

Désigne un ensemble d'organisations productives privées qui ne poursuivent pas un but lucratif: coopératives, associations, syndicats, mutuelles et fondations. Celles-ci ont aussi en commun de cultiver une certaine démocratie et solidarité entre leurs membres, les décisions y fonctionnant suivant le principe « une personne égale une voix » et non « une action détenue égale une voix ». Ces structures regroupent aujourd'hui en France un dixième des emplois, auxquels s'ajoutent de nombreux bénévoles.

Épargne salariale 62

Dispositifs par lesquels certaines entreprises cherchent à motiver leurs salariés en les intéressant aux résultats financiers de la firme. Ceux-ci peuvent prendre différentes formes : distribution d'actions de la société ou possibilités d'achat de celles-ci, mise en place d'un plan d'épargne en interne, primes proportionnelles aux profits, etc.

Externalité 12, 29-30, 53, dépliant 4

On parle d'externalité lorsque les actions d'un agent ont un impact positif ou négatif sur un autre agent, sans qu'existe une possibilité de transaction directe entre les deux agents concernant cette action. Par exemple, lorsqu'un mathématicien découvre un théorème, celui-ci devient disponible gratuitement pour tous : c'est une externalité positive.

Fonds d'investissement

Société particulière dont l'activité consiste à investir dans d'autres entreprises son propre capital ou celui d'agents qui la mandatent en fonction de certains critères prédéfinis.

Fonds de pension 50

Type particulier de fonds d'investissement dont le capital provient de particuliers auxquels le fonds doit verser leurs futures pensions de retraite. Celles-ci sont, de ce fait, soumises à un certain aléa. Les fonds de pension constituent l'instrument des systèmes de retraite libéraux dits « par capitalisation », où chacun est rendu individuellement « responsable » de sa propre retraite. Ils s'opposent aux systèmes par répartition, où les pouvoirs publics organisent une solidarité : les cotisations des actifs à un moment donné financent les pensions des retraités.

Fonds souverain 84-85

Type particulier de fonds d'investissement détenu par un État.

Johann Gottlieb Fichte (1762-1814) 75

Philosophe allemand qui a beaucoup commenté la Révolution française. Il a inspiré Friedrich Hegel et Karl Marx*. On le présente parfois comme le promoteur de l'idée de socialisme dans un seul pays (par distinction du socialisme international).

Milton Friedman (1912-2006) 78, 101-102

Économiste américain, chef de file de l'école dite « monétariste ». Directement opposée aux idées de John Maynard Keynes*, celle-ci dénonce l'inefficacité des politiques de relance, qui n'apporteraient que de l'inflation*. Ses partisans prônent ainsi un contrôle strict de la masse monétaire et ont incité les responsables politiques à rendre les banques centrales indépendantes de leur pouvoir.

Globalisation 74

Terme dérivé de l'anglais qui désigne au sens strict la libéralisation des flux de capitaux* à l'échelle internationale, qui a fait suite à diverses décisions politiques prises au cours des années 1980.

Grande Dépression 43

Nom donné à la décennie qui a suivi la crise* financière de Wall Street en 1929. Caractérisée par une profonde récession* à l'échelle mondiale, elle a été le théâtre de la politique du New Deal aux États-Unis mais aussi et surtout de la montée des régimes fasciste et nazi en Europe, débouchant sur la Seconde Guerre mondiale.

Hyperconcurrence 66

Se dit d'un marché* où la concurrence est tellement intense que les firmes présentes doivent développer des stratégies très agressives et les renouveler en permanence, car les positions n'y sont pas durablement acquises.

IDH (Indice de développement humain) 44

Indicateur synthétique élaboré en 1990 par les économistes Amartya Sen et Mahbub ul Haq pour le Programme des Nations unies pour le développement (PNUD), l'une des agences de l'Onu. L'IDH se compose de trois critères : l'espérance de vie à la naissance, le niveau d'éducation et le niveau de vie de la population nationale. Il permet d'évaluer le niveau de développement* réel d'un pays mieux que le seul indicateur du PIB* par habitant.

Inflation 19, 44, 49, 83-86, 101

Terme désignant l'augmentation du niveau général des prix dans une économie. Son contraire est la déflation, qu'il ne faut pas confondre avec la désinflation, qui désigne le ralentissement de l'inflation.

Intéressement 62

Ensemble de dispositifs visant à motiver les salariés en conditionnant une partie de leur rémunération aux résultats de l'entreprise, en fonction d'un objectif prédéfini (ventes, bénéfices, etc.). En France, ces dispositifs sont encadrés par une ordonnance datant de 1959 et révisée depuis.

Internationalisation 74, 104

Désigne divers processus par lequel une firme accroît sa dimension étrangère, par exemple en installant des filiales dans d'autres pays ou en recrutant des salariés d'autres nationalités.

Insee

L'Institut national de la statistique et des études économiques est le principal organisme de statistique publique en France. Ses gestionnaires d'enquêtes, statisticiens, économistes, informaticiens et enquêteurs utilisent des méthodes rigoureuses de recueil de données et d'analyse pour garantir la qualité des statistiques produites. L'Insee collecte et traite des informations sur la population et les organisations : entreprises, administrations... Il publie des milliers d'indicateurs statistiques essentiels : population, naissances, chômage, emplois, indice des prix et pouvoir d'achat, produit intérieur brut, consommation, activités économiques, logement, patrimoine, salaires, etc. Tous ces indicateurs peuvent être librement consultés sur www.insee.fr. Ces méthodes sont partagées par les autres pays d'Europe, au travers du code de bonnes pratiques de la statistique européenne.

Stanley Jevons (1835-1882) 95

Économiste britannique considéré comme l'un des fondateurs de l'école néoclassique. Celle-ci préconise d'analyser les phénomènes économiques à partir des décisions individuelles, en supposant que ces dernières sont « rationnelles », c'est-à-dire que, à tout moment, les agents économiques font leurs choix en effectuant des calculs visant à maximiser leurs bénéfices et à minimiser leurs coûts.

John Maynard Keynes (1883-1946) 98-99, 102, 104

Économiste britannique, auteur d'une *Théorie générale de l'emploi, de l'intérêt et de la monnaie* (1936), où il réfute la capacité des marchés* à s'équilibrer spontanément et met en avant le rôle primordial de la demande pour stimuler l'activité économique que les pouvoirs publics doivent ainsi s'employer à soutenir.

Krach 104

Moment où le cours des actifs financiers d'une bourse se retourne brutalement après une période d'appréciation continue et généralement exagérée, appelée « bulle spéculative ». Il se traduit par une panique des détenteurs d'actifs qui cherchent tous à vendre leurs titres en même temps et débouche généralement non seulement sur la ruine de certains, mais aussi sur une crise* économique plus large, due aux difficultés pour financer les activités économiques.

Libre-échange 76, 84, 92

Politique économique qui consiste à réduire autant que possible les obstacles aux échanges internationaux dans l'espoir de favoriser l'activité économique dans la ou les zones concernées.

John Locke (1632-1704) 90

Philosophe anglais libéral qui a notamment insisté sur l'importance de la propriété privée considérée comme droit primordial.

Macroéconomie 44, 98, 103

Étude du fonctionnement de l'économie à un niveau assez général, qui considère les grands agrégats (en « agrégeant » les actions des agents individuels : revenus, consommation, investissement, etc.) et leurs relations, afin notamment de mieux guider les politiques économiques. C'est le niveau privilégié par John Maynard Keynes* et les auteurs qui s'inscrivent dans sa filiation.

Managers 59-60, 65, 70

Terme d'origine anglaise désignant les salariés qui en encadrent d'autres et disposent ainsi d'un certain pouvoir de décision et de contrôle. Il est à noter que la catégorie recouvre des cas très divers, selon qu'il s'agit de leurs activités concrètes ou de leur niveau hiérarchique, pouvant aller du chef d'équipe à l'état-major d'une firme multinationale.

Marché 10-22, 26-31, 32-37, 43-44, 47, 50-52, 58, 63-64, 66, 68, 74-75, 80, 86, 93-94, 101, 103, 105, dépliant 3

Lieu réel ou fictif dans lequel se rencontrent les vendeurs (« offreurs ») et les acheteurs (« demandeurs ») potentiels d'un bien ou service donné. L'offre désigne la quantité que les premiers sont prêts à vendre pour un prix donné, et la demande celle que les seconds sont prêts à acheter, toujours selon le prix. On identifie en général un marché en fonction de la marchandise échangée et/ou de la zone géographique qu'il couvre.

Herbert Marshall McLuhan (1911-1980) 74

Philosophe canadien spécialiste de la communication, qui s'est rendu célèbre en théorisant l'idée selon laquelle un moyen de communication était en lui-même un message, ainsi qu'en forgeant l'expression de « village global ».

Alfred Marshall (1842-1924) 74, 95

Économiste britannique considéré comme l'un des fondateurs de l'école néoclassique ainsi que de l'économie industrielle, branche de l'économie qui s'intéresse plus particulièrement au développement des entreprises. Il a également développé une théorie de la valeur s'efforçant de concilier les approches, jusque-là opposées, qui fondaient cette dernière soit sur les coûts de production, soit sur les préférences des consommateurs.

Karl Marx (1818-1883) 94-97

Penseur allemand, à la fois journaliste, économiste, historien, sociologue et philosophe. Il a placé au centre de sa réflexion l'importance des rapports de production, et notamment le conflit nécessaire entre détenteurs du capital* et apporteurs de travail.

Jules Méline (1838-1925) 76

Homme politique français, classé à droite, il fut notamment président du Conseil (chef du gouvernement), et est connu pour avoir mis en place des droits* de douane importants sur certains produits agricoles en 1892 (les « tarifs Méline »), alors qu'il était ministre de l'Agriculture.

Microéconomie 103

Étude s'intéressant aux phénomènes économiques en partant des décisions individuelles des agents, individus ou organisations (entreprises, États,...). Elle va en particulier expliquer le fonctionnement des marchés en s'appuyant sur la détermination des quantités de biens et de services qui y sont offerts ou demandés. C'est le niveau privilégié par l'école néoclassique.

John Stuart Mill (1806-1873) 92

Philosophe et économiste britannique. Il a placé la notion d'utilité au centre de sa réflexion, mais a constaté que la quête effrénée de richesses matérielles allait à l'encontre de la poursuite du bien-être général et plaidé ainsi pour l'adoption d'un état stationnaire de la production avant que les limites de la nature ne rendent celui-ci inéluctablement nécessaire.

Mondialisation 21, 61, 65, 74-75, 79-81, 83-85

Processus par lequel s'accroissent les échanges* internationaux de différentes natures (financiers, commerciaux, migratoires ou culturels notamment). Celui-ci résulte en particulier de décisions politiques prises par les gouvernements et les dirigeants des institutions supranationales, comme l'OMC* pour le commerce.

Monnaie 15, 17, 19, 42, 82-83, 85-86, 91, 98-99, 101

Instrument de paiement conventionnellement accepté par les agents économiques d'une zone géographique particulière, qui facilitent ainsi leurs échanges. Elle peut prendre des formes très diverses : objets (coquillages, roues de pierre, sel, métaux, etc.). On distingue aujourd'hui principalement la monnaie fiduciaire (pièces et billets de banque) émise par la banque* centrale, et la monnaie scripturale (écritures sur des comptes bancaires) – qui ne doit pas être confondue avec les moyens de paiement (chèques, cartes bancaires, titres interbancaires de paiement, etc.), qui peut aussi être créée par les banques* commerciales. À noter que cette dernière est de loin majoritaire. On prête généralement trois fonctions à une monnaie : celle d'intermédiaire des échanges (elle permet aux partenaires commerciaux d'éviter le recours au troc), de réserve de valeurs (qui permet de reporter ses dépenses dans le temps) et d'étalon de valeur (qui permet de comparer la valeur relative des différentes marchandises les unes par rapport aux autres).

Robert Mundell (né en 1932) 86

Économiste canadien appartenant au courant des néokeynésiens, qui proposent une synthèse entre les théories de John Maynard Keynes* et celles des néoclassiques. R. Mundell est connu pour avoir forgé avec Marcus Fleming le concept de « zone monétaire optimale », en expliquant que, pour que l'instauration d'une monnaie* unique dans une zone économique donnée n'entraîne pas de distorsions problématiques, il faut que les facteurs de production (capital* et travail) y soient parfaitement mobiles. Les deux économistes ont également laissé leur nom à un dilemme pour les politiques économiques dit du « triangle d'incompatibilité », qui veut qu'on ne puisse concilier un régime de change fixe, une autonomie des politiques monétaires et une totale liberté de circulation des capitaux.

Obligations 12, 101

Titres de créance qu'émet un agent économique (entreprise ou collectivité) sur un marché boursier et qui peuvent ainsi être vendus par le créancier.

L'entreprise qui a émis l'obligation rembourse périodiquement une partie de sa dette au détenteur de l'obligation, majorée d'un intérêt.

OMC 36-37, 76

L'Organisation mondiale du commerce est une institution supranationale créée en 1995 pour prolonger les accords du GATT (Accord général sur les tarifs douaniers et le commerce, Agetac) et dont le siège est à Genève. Elle constitue un forum permanent de négociation entre les États membres, visant à réduire les obstacles aux échanges internationaux (droits* de douane mais aussi normes qui entravent ces derniers). Elle s'appuie sur le principe selon lequel la libéralisation maximale des échanges serait un facteur de prospérité générale, ce que certains économistes contestent, les économistes Joseph Stiglitz ou Jacques Sapir entre autres.

OPA

Une offre publique d'achat désigne une opération financière par laquelle une société propose de racheter la majorité des actions* d'une autre à un certain prix pour en prendre ainsi le contrôle. Une OPA est dite « amicale » si les dirigeants de l'entreprise cible sont d'accord avec le projet ou « hostile » dans le cas inverse.

Optimum de Pareto 27

Situation d'un marché* considérée comme étant la plus favorable à l'ensemble des parties prenantes et où toute modification dégraderait le bien-être d'au moins l'une d'entre elles. Elle a été théorisée par l'économiste Vilfredo Pareto* – d'où son nom –, qui considérait qu'une telle situation ne pouvait être atteinte que grâce à une concurrence pure et parfaite.

Vilfredo Pareto (1848-1923) 25

Sociologue et économiste italien libéral s'inscrivant dans le courant néoclassique. Il s'est notamment penché sur la notion d'utilité en affirmant que les individus n'étaient pas capables de définir l'utilité de la consommation d'un bien ou d'un service dans l'absolu, mais seulement de classer l'utilité procurée par différents biens.

Parité

La parité désigne le taux de change officiel d'une monnaie par rapport à d'autres lorsque celui-ci est fixe, déterminé par les autorités monétaires, (gouvernement et banque* centrale).

Participation 62

Cas particulier de dispositifs d'intéressement* qui sont plus spécifiquement liés aux résultats financiers de la firme (les profits).

Pays les moins avancés 83

Catégorie créée par l'Organisation des Nations unies (Onu) en 1971 pour désigner les nations présentant les niveaux de revenu et de développement* humain les plus faibles de la planète. On en dénombre aujourd'hui 48, principalement situés en Asie et en Afrique.

Produit intérieur brut (PIB) 14, 42

Agrégat économique calculé en faisant la somme de la valeur de l'ensemble des productions donnant lieu à une contrepartie monétaire réalisée durant une certaine période par les agents économiques résidant dans un pays, quelle que soit leur nationalité. C'est l'indicateur de richesse le plus utilisé dans le monde. Il fait néanmoins l'objet de critiques, parce qu'il ne reflète qu'imparfaitement le bien-être réel de la population, mais aussi et surtout parce qu'il ne tient pas compte d'activités essentielles à celui-ci (travail domestique, bénévolat, etc.), et qu'inversement il en comptabilise d'autres pourtant négatives. Certains économistes ont ainsi forgé des indicateurs alternatifs de richesse pour mieux rendre compte de l'évolution du bien-être général.

Politique monétaire 19, 85, 98-99, 101

C'est l'ensemble des interventions menées par la banque* centrale en tête, pour augmenter ou restreindre la masse monétaire en circulation, notamment par la fixation du taux directeur. Un accroissement de monnaie* disponible encourage l'activité économique, mais aussi la hausse des prix, et inversement.

Politique budgétaire 98-99, 102

Désigne le fait pour les pouvoirs publics d'utiliser leur budget* pour favoriser ou freiner l'activité économique, respectivement en augmentant (ou en réduisant) leurs dépenses et/ou en réduisant (ou en augmentant) leurs recettes (impôts et taxes notamment).

Produit national brut (PNB) 102

Agrégat économique qui mesure la valeur de l'ensemble de la production donnant lieu à une contrepartie monétaire réalisée par les agents possédant la nationalité d'un État donné, quel que soit le lieu où ils sont installés. Il est bien moins souvent utilisé que le PIB*.

Productivité 44, 66, 69, 75, 79, 81, 83

Désigne l'efficacité productive d'un agent économique donné (nation ou firme notamment). On la calcule en divisant la valeur totale de la production par la quantité de facteurs utilisés pour la réaliser. Sont ainsi distinguées la productivité du travail et celle du capital, mais aussi, s'agissant de la première, la productivité par tête, en rapportant la valeur produite au nombre de travailleurs, et la productivité horaire, en rapportant celle-ci au nombre d'heures totales réalisées par chacun des travailleurs.

Protectionnisme 37, 75-76, 80-81

Politique économique qui consiste, pour un pays donné, à instaurer ou à maintenir des barrières aux importations afin de protéger les producteurs installés sur son territoire contre la concurrence étrangère. De telles mesures peuvent notamment viser à permettre le développement d'industries naissantes, ou à éviter une course vers le bas en matière de rémunérations ou de normes sociales (le « *dumping** social »).

François Quesnay (1694-1774) 90

Médecin et économiste français, chef de file du courant dit des « physiocrates », selon lequel seule l'agriculture crée une richesse réelle. Son *Tableau économique* (1758) constitue la première tentative de représenter le fonctionnement général de l'économie.

Récession 43, 45-46, 48-52, 101

Ralentissement relativement durable de la croissance économique dans une zone donnée, qui s'accompagne notamment d'une montée du chômage.

Rendements d'échelle 19

Terme désignant une situation dans laquelle le coût de production d'une unité diminue à mesure que le volume produit augmente. Cette situation avantage donc les producteurs de grande taille par rapport aux « petits ».

Rente 16, 22, 28-29, 84, 93

Revenu qu'un agent économique tire de sa seule position et non de son activité. C'est le cas par exemple d'un héritier, d'un propriétaire ou d'une entreprise en situation de monopole.

Rente de monopole 15, 21, 28, 96

Surplus de profit qu'obtient une entreprise du fait de l'absence ou de la faiblesse de la concurrence.

Revenu moyen

Dans un territoire donné, le revenu moyen (ou « par tête ») se calcule en divisant le revenu total (somme de tous les revenus, qu'ils proviennent du travail, du capital* ou de la redistribution, incluant les revenus de transfert) par la population. Cet indicateur peut cependant masquer de très fortes inégalités, dans la mesure où la moyenne sera égale dans le cas où un individu percevrait l'ensemble du revenu national et les autres rien, et dans celui où tous percevraient le même revenu.

Revenu médian 59

Le revenu médian est celui qui partage une population en deux parties égales, c'est-à-dire que la moitié de cette population touchera un revenu inférieur et l'autre moitié un revenu supérieur à celui-ci. Plus ce revenu médian est inférieur au revenu* moyen et plus la distribution des revenus est inégalitaire.

Responsabilité sociale et environnementale (RSE) 67-68

Notion relativement récente qui sert à désigner les différentes actions mises en œuvre de manière volontaire par les firmes pour prendre en compte les conséquences de leurs activités sur le reste de la société et sur la nature, en présentant ces dernières dans des rapports spécifiques. Cette tendance à la « transparence » fait cependant l'objet de vifs débats, certains la dénonçant comme une simple stratégie de communication, voire un moyen pour éviter que les pouvoirs publics ne prennent de normes plus contraignantes en la matière.

Jacques Rueff (1896-1978) 76

Haut fonctionnaire, économiste et essayiste libéral français qui a joué un rôle actif dans les premières décennies de la construction européenne en plaidant pour la concurrence, ainsi que sur la politique économique du général de Gaulle. Il s'est notamment fait connaître pour ses rapports et ses nombreux essais et articles, dans lesquels il s'est opposé frontalement aux idées de John Maynard Keynes.

David Ricardo (1772-1823) 76-77, 92

Économiste et financier anglais, auteur notamment des *Principes de l'économie politique et de l'impôt* (1817), dans lequel il défend l'idée que la valeur des choses vient du travail nécessaire à leur production, ainsi que l'idée que les nations ont toujours intérêt à échanger avec les autres en se spécialisant dans les productions pour lesquelles elles possèdent un avantage* comparatif.

Joseph Schumpeter (1883-1950) 65, 79, 97

Économiste autrichien qui s'est notamment intéressé à l'innovation, dont il a souligné les différentes formes et le rôle central dans la dynamique économique. Selon lui, celle-ci est animée par un processus de « destruction créatrice » qui entraîne la disparition des formes de production obsolètes au profit des formes plus innovantes.

SA, SARL, SAS 59

La société anonyme, la société à responsabilité limitée et la société par actions simplifiées désignent différents statuts juridiques de sociétés dites « de capitaux* », c'est-à-dire dont les propriétaires peuvent revendre librement leurs parts et ne sont responsables des dettes éventuelles qu'à hauteur de leurs apports. On les oppose ainsi aux sociétés de personnes qui présentent les caractéristiques inverses.

Scop 59, 62

Sigle désignant les sociétés coopératives et participatives qui présentent un statut juridique particulier destiné à favoriser la démocratie en leur sein : les salariés-coopérateurs doivent en effet y posséder la majorité des parts du capital* de la société et 65 % des droits de vote lors des assemblées générales. Par ailleurs, quel que soit le nombre de parts qu'il détient, chaque salarié-coopérateur possède une seule voix en cas de vote, contrairement aux sociétés « classiques » où chaque action* détenue est égale à une voix.

Secteur tertiaire 46

Terme par lequel on désigne les activités de services, qui ont pris aujourd'hui un poids prépondérant dans l'activité économique des pays riches. Le secteur primaire désigne, quant à lui, l'exploitation de matières premières (agriculture, mines, pêche, etc.) et le secteur secondaire la transformation de ces dernières, autrement dit l'industrie.

Adam Smith (1723-1790) 76, 88, 90, 92-93

Philosophe écossais des Lumières, considéré comme le fondateur de l'économie* politique avec son ouvrage *Recherches sur la nature et les causes de la richesse des nations* (1776). Il a légué de nombreux concepts et outils concernant, entre autres, la division du travail et l'intérêt de la concurrence, tout en affirmant la nécessité d'une intervention étatique dans certaines situations.

Spécialisation 64, 77-78

Fait pour une économie nationale ou une firme de se concentrer sur certaines productions pour lesquelles elle présente un avantage* comparatif par rapport à ses concurrents.

Sous-développement

Désigne la situation généralement durable de pays ou de régions, qui se caractérisent par un accès insuffisant des habitants à certaines ressources jugées primordiales, comme l'eau potable, la nourriture, mais aussi l'éducation ou la santé.

Soutenabilité 45, 50

Ce terme désigne le caractère d'un développement économique qui peut se poursuivre sans saper ses propres fondements écologiques et sociaux à moyen ou à long terme. Cette condition est, pour l'instant, loin d'être remplie à l'échelle mondiale, car la croissance économique s'accompagne de destructions écologiques (érosion de la biodiversité, déforestation, épuisement des réserves halieutiques, changement climatique, pollutions de l'air et des sols, etc.) et d'une montée des inégalités et de tensions sociales qui font planer de nombreuses inquiétudes sur l'avenir.

Stabilisateurs automatiques 48-49

Désignent les différents mécanismes économiques, tenant en majorité aux pouvoirs publics, qui permettent d'atténuer les effets des cycles économiques. C'est le cas par exemple des systèmes de protection sociale, dont les recettes vont augmenter en période d'expansion (car les revenus vont s'accroître) mais dont les prestations vont atténuer la baisse de revenu des ménages en période de récession*.

Stock-option 62

Forme de rémunération destinée à intéresser les salariés – surtout les cadres-dirigeants – aux résultats de la firme en leur conférant le droit d'acheter à l'avenir un certain nombre d'actions* à un prix fixé d'avance. Ils ont donc intérêt à ce que le cours de l'action monte afin de pouvoir réaliser cette option d'achat, c'est-à-dire à acheter et à revendre aussitôt les actions pour réaliser une plus-value immédiate.

Subprime 31, 49, 51

Type de prêts hypothécaires accordés aux États-Unis par certaines banques à des ménages insolvables pour acheter leur maison, et gagés sur la valeur de celle-ci (si les créanciers ne peuvent pas rembourser, leur bien est saisi par la banque*). Ces prêts très risqués étaient ensuite « mélangés » par leurs détenteurs à d'autres produits financiers et revendus en Bourse. Le système reposait sur l'augmentation régulière des prix immobiliers, aussi, lorsque ceux-ci se sont effondrés, les débiteurs ont fait défaut en cascade, ce qui a constitué l'origine de la crise* financière globale de 2007-2008.

Surendettement 49

Situation d'un agent économique (un ménage notamment) dont les revenus ne permettent plus d'assurer le remboursement de sa dette (le capital* auquel s'ajoutent les intérêts).

Taux de change 82-83, 85-86

Synonyme de « parité* », ce terme désigne la valeur d'une devise* par rapport à d'autres. Dans le système de changes dits « flottants », qui caractérise le système monétaire actuel, le taux de change des devises varie constamment en fonction de l'offre et de la demande de chacune d'entre elles sur le marché* des changes. Il existe plusieurs motifs pour lesquels un agent peut acheter une devise : il peut le faire pour régler un achat auprès d'un agent installé dans la zone où circule cette dernière, ou pour spéculer, en misant sur une hausse de la parité de cette devise pour la revendre ensuite et réaliser une plus-value. Réciproquement, il peut vendre une devise rapportée par ses exportations ou pour spéculer sur une baisse de cette dernière par exemple.

Taylorisme 60, 64

Forme d'organisation scientifique du travail attribuée à l'ingénieur Frederick Taylor (1856-1915), qui consiste à dissocier l'exécution du travail de sa conception pour confier cette dernière à un bureau spécialisé, chargé de décomposer chaque tâche pour trouver la manière la plus efficace de l'effectuer. On associe souvent à tort ce système au travail à la chaîne mis en place par l'industriel Henry Ford dans ses usines automobiles.

Trésorerie 12

Désigne le montant des liquidités immédiatement disponibles pour un agent économique donné, ce qui comprend l'argent qu'il a en caisse ou sur un dépôt à vue à la banque*.

Léon Walras (1834-1910) 95-96

Économiste français qui a développé une théorie de l'équilibre général, situation dans laquelle tous les marchés* pourraient simultanément atteindre le plein emploi des facteurs de production (travail et capital*) disponibles, pourvu qu'y soient respectées les conditions d'une concurrence pure et parfaite.

Xénophon 90

Philosophe grec des IVe et Ve siècles av. J.-C., disciple de Socrate. Il a laissé un récit des guerres de son époque et s'est opposé à la démocratie, à laquelle il préférait la monarchie.

INDICATIONS BIBLIOGRAPHIQUES

I - Les textes fondateurs

Fernand Braudel, *La Dynamique du capitalisme* (1re édition 1985), Flammarion, « Champs Histoire », 2008

Herbert Marshall McLuhan, *La Galaxie Gutenberg : la genèse de l'homme typographique* (1re édition 1967), Gallimard, «idées», 1979

Karl Marx, *Le Capital* (1re édition 1867), Gallimard, « Folio », 2008

David Ricardo, *Des principes de l'économie politique et de l'impôt*, (1re édition 1819), Flammarion, « Garnier Flammarion », 1993

Joseph Schumpeter, *Histoire de l'analyse économique* (1re édition 1984), Gallimard, « Tel », 2004

Adam Smith, *Recherches sur la nature et les causes de la richesse des nations* (1re édition 1776), Flammarion, « GF texte intégral », 2009

II - Les ouvrages des auteurs

Philippe Askenazy, Daniel Cohen, *Vingt-Sept Questions d'économie contemporaine* (tome 1), (1re édition 2008), Albin Michel, 2010

Philippe Askenazy, Daniel Cohen, *Seize Nouvelles Questions d'économie contemporaine* (tome 2), Albin Michel, 2010

Philippe Askenazy, *Les Décennies aveugles : emploi et croissance (1970-2010)*, Le Seuil, 2011

Agnès Bénassy-Quéré *et al.*, *Politique économique* (1re édition 2004), De Boeck, 2010

Agnès Bénassy-Quéré, Laurence Boone, Virginie Coudert, *Les Taux d'intérêt* (1re édition 1999), La Découverte, 2010

Agnès Bénassy-Quéré, Benoît Cœuré, *Économie de l'euro* (1re édition 2002), La Découverte, « Repères », 2011

Jean-Marc Daniel, *Le Socialisme de l'excellence : combattre les rentes et promouvoir les talents*, François Bourin, 2011

Jean-Marc Daniel, *Huit Leçons d'histoire économique*, Odile Jacob, 2012

Jean-Marc Daniel, *La Politique économique* (1re édition 2008), PUF, « Que sais-je ? », 2012

Philippe Frémeaux, *Vingt Idées reçues sur les métiers, l'emploi et le travail*, Alternatives Économiques/Les Petits Matins, 2012

Philippe Frémeaux, *La Nouvelle Alternative ? : enquête sur l'économie sociale et solidaire*, Alternatives Économiques/Les Petits Matins, 2011

Pierre-Cyrille Hautcœur, *La Crise de 1929*, La Découverte, « Repères », 2009

Pierre-Cyrille Hautcœur, *Le Marché financier français au XIXe siècle* (2 volumes), Publications de la Sorbonne, 2007

Augustin Landier, David Thesmar, *Le Grand Méchant Marché : décryptage d'un fantasme français* (1re édition 2007), Flammarion, « Champs », 2008

Augustin Landier, David Thesmar, *La Société translucide*, Fayard, « Documents », 2010

III - Pour aller plus loin

L'État de la France au travail, hors-série poche *Alternatives Économiques*, n° 52, nov. 2011

James Burnhamann-Lévy, 1947

Denis Clerc, *Déchiffrer l'économie* (1re édition 1981), La Découverte, « Grands Repères/Manuels », 2011 (17e édition)

David Cohen, *Les Infortunes de la prospérité* (1re édition 1994), Pocket, 1996

Pascal Combemale (dir.), *Les Grandes Questions économiques et sociales* (1re édition 2007), La Découverte, « Grands Repères/Manuels », 2013

Jean-Paul Deléage, Bernard Gazier, Jérôme Gautié, Dominique Guellec, *Croissance, emploi et développement*, La Découverte, « Repères », 2007

Geneviève Férone, *2030, le krach écologique*, Grasset, 2008

John Kenneth Galbraith, *Le Nouvel État industriel* (1re édition 1967), Gallimard, « Bibliothèque des sciences humaines », 1979

Michel Gollac, Serge Volkoff, *Les Conditions de travail*, La Découverte, « Repères », 2007

André Gorz, *Critique de la division du travail*, Le Seuil, « Politique », 1973

Roger Guesnerie, *L'Économie de marché* (1re édition 2006), Le Pommier, « Poche-Le Pommier », 2013

Pierre-Yves Gomez, Harry Korine, *L'Entreprise dans la démocratie : une théorie politique du gouvernement des entreprises*, De Boeck, 2009

Henry Mintzberg, *Le Management, voyage au sein des organisations*, Éditions d'organisation, 1998

Marc Mousli, *Les Grandes Figures du management* (1re édition 2010), Alternatives Économiques/Les Petits Matins, 2012

Pascal Petit, *Croissance et richesse des nations* (1re édition 2005), La Découverte, « Repères », 2010

Raghuram Rajan, *Crise : au-delà de l'économie*, Le Pommier, 2013

Blanche Segrestin, Armand Hatchuel, *Refonder l'entreprise*, Seuil, « La République des idées », 2012

CRÉDITS ICONOGRAPHIQUES

De haut en bas, de gauche à droite

Les acteurs, le marché et l'État
p. 18 : Emilie Chaix/PHOTONONSTOP ; p. 22 : Pascal Sittler/REA

Le marché, la règle et la régulation
Dépliant ***Des marchés encadrés*** : © Emmanuel Nguyen Ngoc
p. 31 : Theo Volpatti/CONTRASTO-REA ; p. 33 : Lydie Lecarpentier/REA ; p. 37 : Xinhua/ZUMA/REA

La croissance
p. 51 : John Gress/CORBIS ; p. 53 : Bruno Delessard/Challenges/REA ; p. 54 : Jean Claude Moschetti/REA

Le travail et l'entreprise
p. 61 : Collection Dixmier/KHARBINE-TAPABOR ; p. 65 : Jose Giribas/ROPI-REA ; p. 68 : ColorChinaPhoto 2011/ZUMA/REA

L'échange et la globalisation
Dépliant ***Vivre sans produits importés ?*** : © Matthieu Sartre
p. 76 : L. Leung/Featurechina-ROPI-REA ; p. 79 : Fred Marvaux/REA ; p. 82 : The NewYork Times/REA

Penser l'économie ?
Dépliant ***Une histoire des pensées économiques*** : Collection Ludovisi/Licence Creative Commons, Collection BSI/CSI, Collection Bettmann/CORBIS, Coll. Bettmann/CORBIS, Coll. Bettmann/CORBIS, The Granger Collection NYC/Rue-des-Archives
Dépliant ***Une crise peut en cacher une autre*** : Ullstein Bild/akg-images, Costa/Leemage, Keystone-France/Gamma Rapho
p. 94 : Photo Josse/Collection privée/Leemage ; p. 96 : UNIL/Université de Lausanne, Suisse ; p. 98 : Horace Bristol/CORBIS ; p. 101 : Roger Ressmeyer/CORBIS ; p. 104 : The Granger Collection NYC/Rue-des-Archives

IMPRIM'VERT®

Imprimé en France par Chirat – 42540 Saint-Just-la-Pendue
N° d'édition : 090664-01 - N° d'imprimeur : 201302.0150
Dépôt légal : mars 2013